Mariusz Łukasik

Curtiss P-40 B, C, D, E

The decision to start the production of the Curtiss P-40 fighter was made primarily due to the relatively low airframe price and the possibility of launching it almost immediately (based on Curtiss P-36s ready fuselages). The P-40 did not have a turbocharger, but despite this the requirements were constantly increasing, especially when it comes to the maximum speed. It was requested to raise it by over 100 km/h (up to 580 km/h). It required a number of construction changes e.g. new exhaust pipes, new shape and size of the air intake to the carburetor at the top of the engine cover, moving forward the coolers under the nose. After the tests in the NACA wind tunnel it turned out that these changes were not enough.

The plane underwent further aerodynamic refinements, using, among others, smooth riveting and retractable tail ring. In the end, the speed was 589 km/h at 4570 m, which gave the green light for serial production.

Trial copy was flown on April 4, 1940. Deliveries of the first version were completed in June 1940 after the construction of 200 copies. The armament consisted of two km 12.7 mm above the engine and two km 7.62 mm in the wings. Airplanes did not have armour or self-sealing tanks. Later, the USAAF recognized the low suitability of basic P-40s and, with the order of June 22, 1942, they were withdrawn it from combat service.

In September 1940, the production of 131 P-40B began. Strengthening the armament, adding one 7.62 mm caliber per each wing (now total of four). The aircraft was powered by a 1040 HP Allison V-1710-33 engine, but due to the increase in weight, the performance dropped (the maximum speed was 566 km/h).

The P-40C version already had self-sealing fuel tanks with a self-sealing layer on the inside (and not the outside). It could also carry an additional tank with a capacity of 236 l under the fuselage. A new radio was also installed.

The Curtiss P-40D received a new version of the Allison V-1710-39 engine with 1150 HP (which had a compressor). The new engine was shorter than the previous versions by 26 cm, which was the reason for shortening the fuselage by 17 cm and modifying the nose of the aircraft. The radiator was extended and moved forward. Armour was also installed, but another increase in weight contributed to thea reduction of climb speed rate and maneuverability.

The USAAF command demanded increasing the weaponry to six machine guns cal. 12.7 mm in the wings, as well as another improvement of armour. The new version was marked P-40E. The mass of the aircraft grew again, but the new engine still guaranteed a top speed of 582 km/h, although the climb speed and maneuverability decreased. The shorter hull in versions D and E caused that the plane had a tendency to deviate from a straight line during take-off (in some cases it was compensated by an enlarged vertical stabilizer).

Decyzja o rozpoczęciu produkcji seryjnej myśliwca Curtiss P-40 została podjęta przede wszystkim ze względu na stosunkowo niską cenę płatowca i możliwość uruchomienia jej niemal natychmiast (na bazie gotowych kadłubów samolotu Curtiss P-36). P-40 nie posiadał turbosprężarki, ale mimo to wymagania wobec osiągów stale rosły, zwłaszcza jeśli chodzi o prędkość maksymalną. Zażądano jej podniesienia o ponad 100 km/h (do 580 km/h). Wymagało to szeregu zmian konstrukcyjnych, m.in. zmieniono układ rur wydechowych, kształt i wielkość chwytu powietrza do gaźnika na górze osłony silnika, przesunięto do przodu chłodnice znajdujące się pod nosem. Po próbach w tunelu aerodynamicznym NACA okazało się, że zmiany te nie były wystarczające.

Samolot przeszedł kolejne udoskonalenia aerodynamiczne, zastosowano m.in. gładkie nitowanie i chowane kółko ogonowe. W końcu udało się osiągnąć prędkość 589 km/h na wysokości 4570 m, co dało zielone światło produkcji seryjnej.

Egzemplarz próbny oblatano 4 kwietnia 1940 roku. Dostawy pierwszej wersji zakończono w czerwcu 1940 roku po zbudowaniu 200 sztuk. Uzbrojenie myśliwca stanowiły dwa km-y kal. 12,7 mm nad silnikiem i dwa km-y kal. 7,62 mm w skrzydłach. Samoloty nie miały opancerzenia ani samouszczelniających się zbiorników paliwa. W późniejszym czasie dowództwo amerykańskie wskazało na niską przydatność podstawowych P-40 i rozkazem z 22 czerwca 1942 roku wycofano je ze służby bojowej.

We wrześniu 1940 roku rozpoczęto produkcję 131 sztuk P-40B. Wzmocniono uzbrojenie strzeleckie, dodając po jednym km-ie kal. 7,62 mm w skrzydłach (łącznie cztery). Samolot był napędzany silnikiem Allison V-1710-33 o mocy 1040 KM, ale ze względu na wzrost masy osiągi spadły (prędkość maks. wynosiła 566 km/h).

Wersja P-40C posiadała już samouszczelniające się zbiorniki paliwa z warstwą samouszczelniającą po stronie wewnętrznej (a nie zewnętrznej). Mogła też przenosić pod kadłubem dodatkowy zbiornik o pojemności 236 l. Wprowadzono również nowe radio.

Curtiss P-40D otrzymał nową wersję silnika Allison V-1710-39 o mocy 1150 KM (który posiadał sprężarkę). Nowy silnik był krótszy od poprzednich wersji o 26 cm, co było przyczyną skrócenia kadłuba o 17 cm i modyfikacji nosa samolotu. Powiększono chłodnicę, którą przesunięto do przodu. Zainstalowano też opancerzenie, ale kolejny wzrost masy przyczynił się do ponownego zmniejszenia prędkości wznoszenia i pułapu.

Dowództwo USAAF zażądało zwiększenia uzbrojenia do sześciu km-ów kal. 12,7 mm w skrzydłach, a także kolejnego poprawienia opancerzenia. Wersję tę oznaczono P-40E. Ponownie wzrosła masa samolotu, ale nowy silnik wciąż gwarantował prędkość maksymalną wynoszącą 582 km/h, choć spadła prędkość wznoszenia i zwrotność. Krótszy kadłub w wersjach D i E powodował, że samolot miał tendencję do zbaczania z linii prostej podczas startu (w niektórych egzemplarzach kompensowano to poprzez powiększony statecznik pionowy).

Curtiss P-40 B, C, D, E • Mariusz Łukasik

First edition / Wydanie pierwsze • LUBLIN 2019 • ISBN 978-83-66148-18-5

Translation / Tłumaczenie: **Stanisław Powała-Niedźwiecki** • Color profiles / Plansze barwne: **Janusz Światłoń** • Scale drawings / Rysunki techniczne: **Mariusz Łukasik** • Design: **KAGERO STUDIO**

Distribution / Dystrybucja: Kagero Publishing • www.kagero.pl • e-mail: kagero@kagero.pl, marketing@kagero.pl

Editorial Office, Marketing / Redakcja, Marketing: Kagero Publishing, ul. Akacjowa 100, os. Borek, Turka, 20-258 Lublin 62, Poland, phone/fax +48 81 501 21 05

TOPDRAWINGS

Drawings/rysował: © Mariusz Łukasik

Curtiss P-40

www.kagero.eu
www.shop.kagero.pl

KAGERO

1:48 Scale

©Mariusz Łukasik

The drawings have been traced on the basis of the given literature, dokumentary, photographs as well as photographs of museum issues
Rysunki zostały opracowane na podstawie podanej literatury, zdjęć dokumentalnych oraz zdjęć egzemplarzy muzealnych.

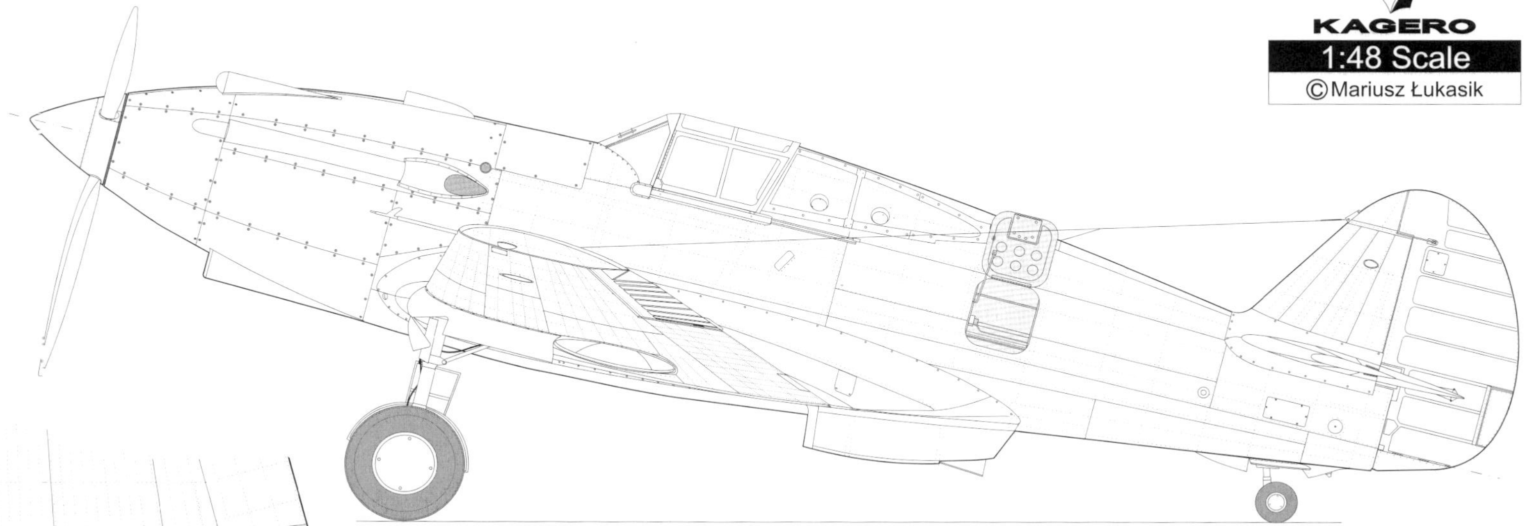

Curtiss XP-40 early/ wczesny – port view/ widok z lewej
note first version of exhaust stacks and open fuselage access hatch/ pierwsza wersja rur wydechowych, otwarty luk kadłubowy

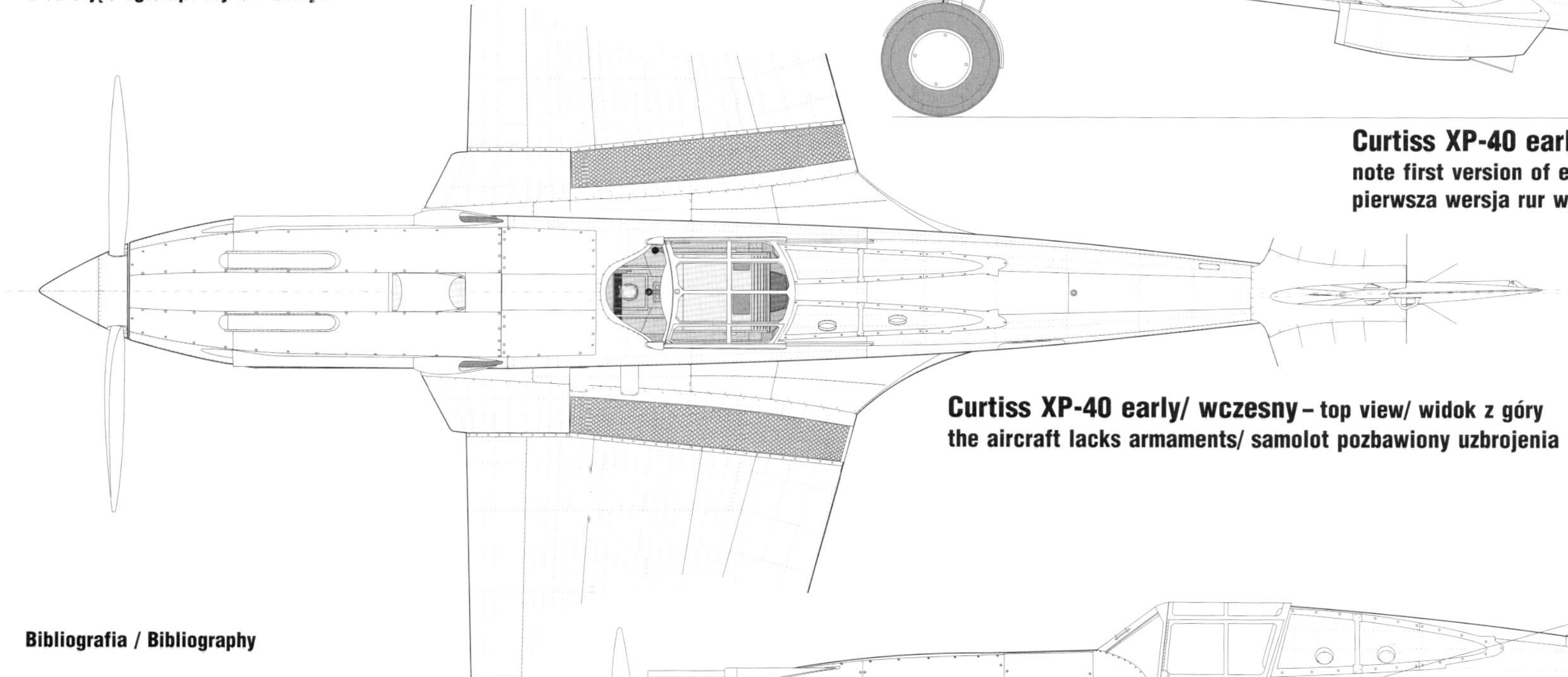

Curtiss XP-40 early/ wczesny – top view/ widok z góry
the aircraft lacks armaments/ samolot pozbawiony uzbrojenia

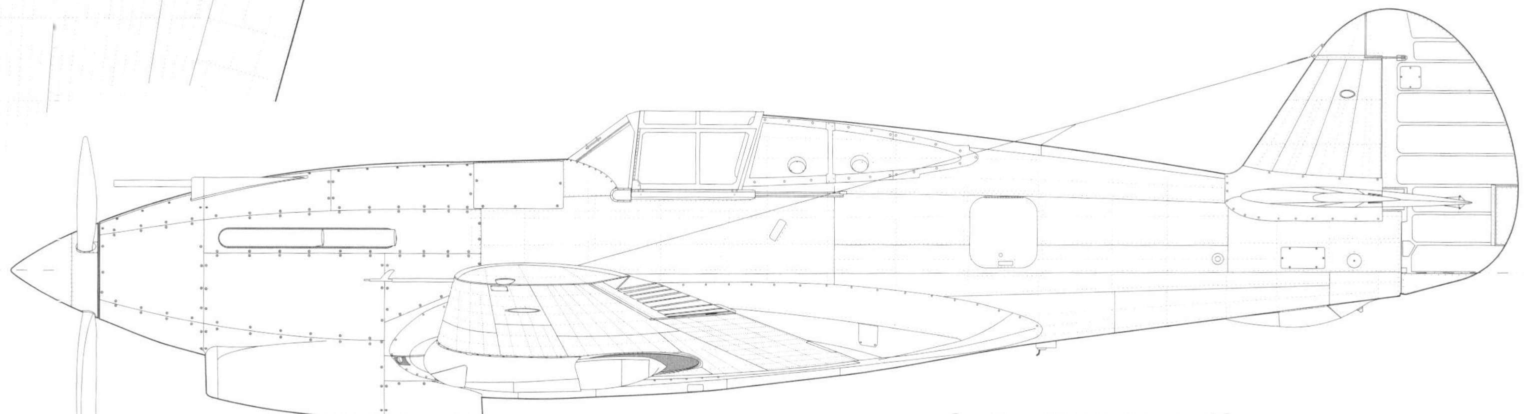

Curtiss XP-40 late/ późny – port view/ widok z lewej

Bibliografia / Bibliography

E.R. McDowell, *Curtiss P-40*, Carrolton, 1976
L. Drendel, *P-40 Warhawk walk around*, Carrolton, 1996
V. Ehrman, *Curtiss P-40*, Praha, 1998
J.L. Ethell, *P-40 Warhawk in WW2 color*, Osceola, 1994
B. Kinzey, *P-40 Warhawk vol. 1-2*, Carrolton, 1999
H. Maki i inni, *Curtiss P-40 Warhawk*, Tokyo, 1993
J. Nowicki, A. Zbiegniewski, *Curiss P-40 vol. 1-2*, Warszawa, 2000
M. Ryś, *Curtiss P-40 vol. 1-3*, Gdańsk, 2000
P. Skulski, T. Gronczewski, *Curtiss P-40 Warhawk*, Wrocław, 1993
TO 01-25C-2 Service instructions P-40 series airplanes, Fairfield, 1942

0 0,5 1 2 3m

Attention! In some views the course of riveted joints have been simplified for the drawings clearness
Uwaga! Na części rzutów uproszczono dla czytelności rysunku przebieg szwów nitowych

Arkusz/Sheet 01

TOPDRAWINGS
Drawings/rysował: © Mariusz Łukasik

Curtiss P-40

www.kagero.eu
www.shop.kagero.pl

KAGERO
1:48 Scale
© Mariusz Łukasik

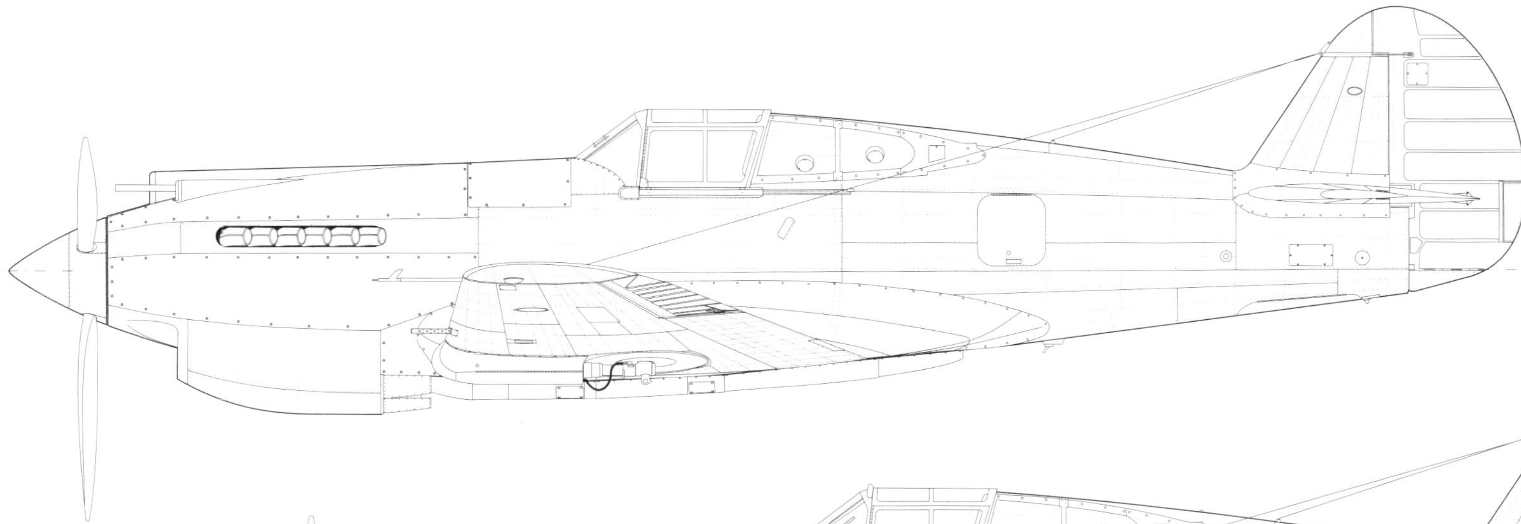

Curtiss P-40 – port view/ widok z lewej

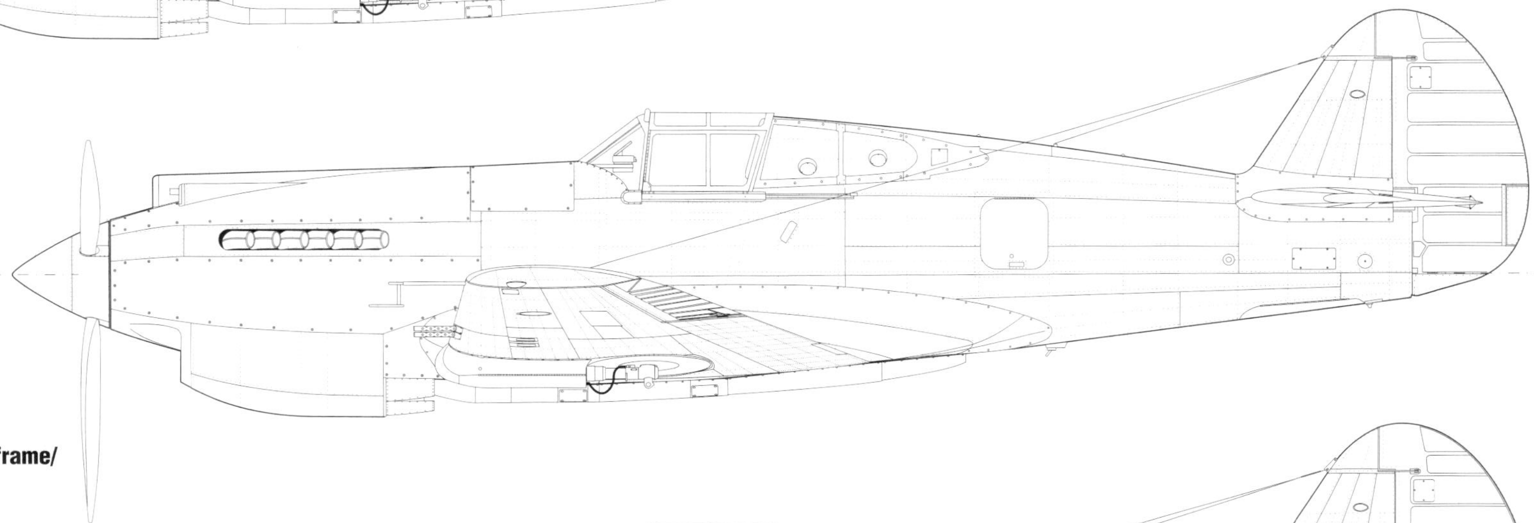

Tomahawk Mk I – port view/ widok z lewej
note a rearview mirror mounted on windshield's frame/
lusterko na ramie wiatrochronu

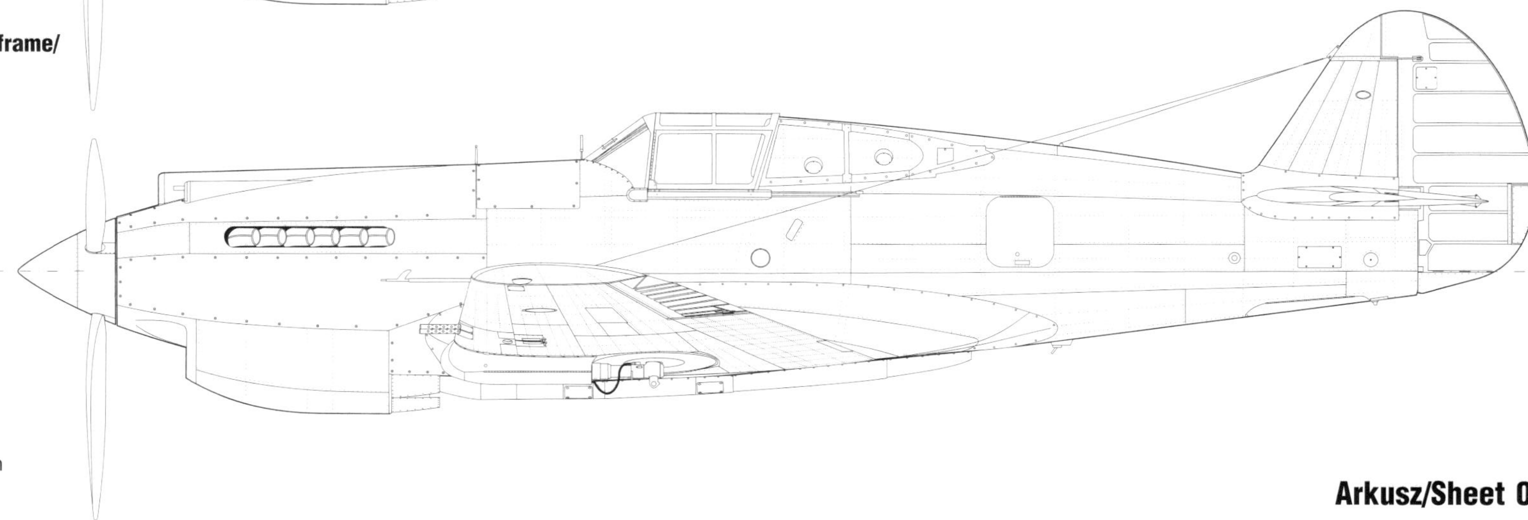

Curtiss P-40B – port view/ widok z lewej
note early type of reflector gunsight/
wczesny typ celownika refleksyjnego

TOPDRAWINGS
Drawings/rysował: © Mariusz Łukasik

Curtiss P-40

www.kagero.eu
www.shop.kagero.pl

KAGERO
1:48 Scale
© Mariusz Łukasik

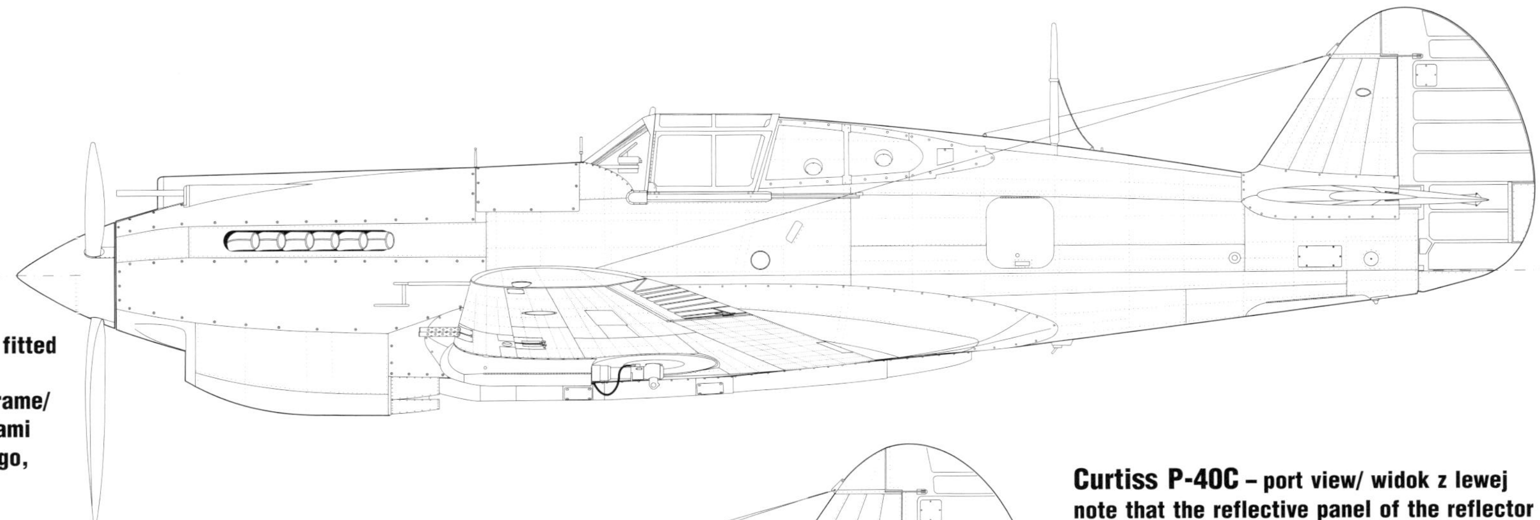

Tomahawk Mk IIA – port view/ widok z lewej
note antenna mast, cowl-mounted machine guns fitted with blast tubes, British reflector gunsight, and a rearview mirror mounted on windshield's frame/
z masztem antenowym, kadłubowe km-y z tłumikami płomieni, brytyjska wersja celownika refleksyjnego, lusterko na ramie wiatrochronu

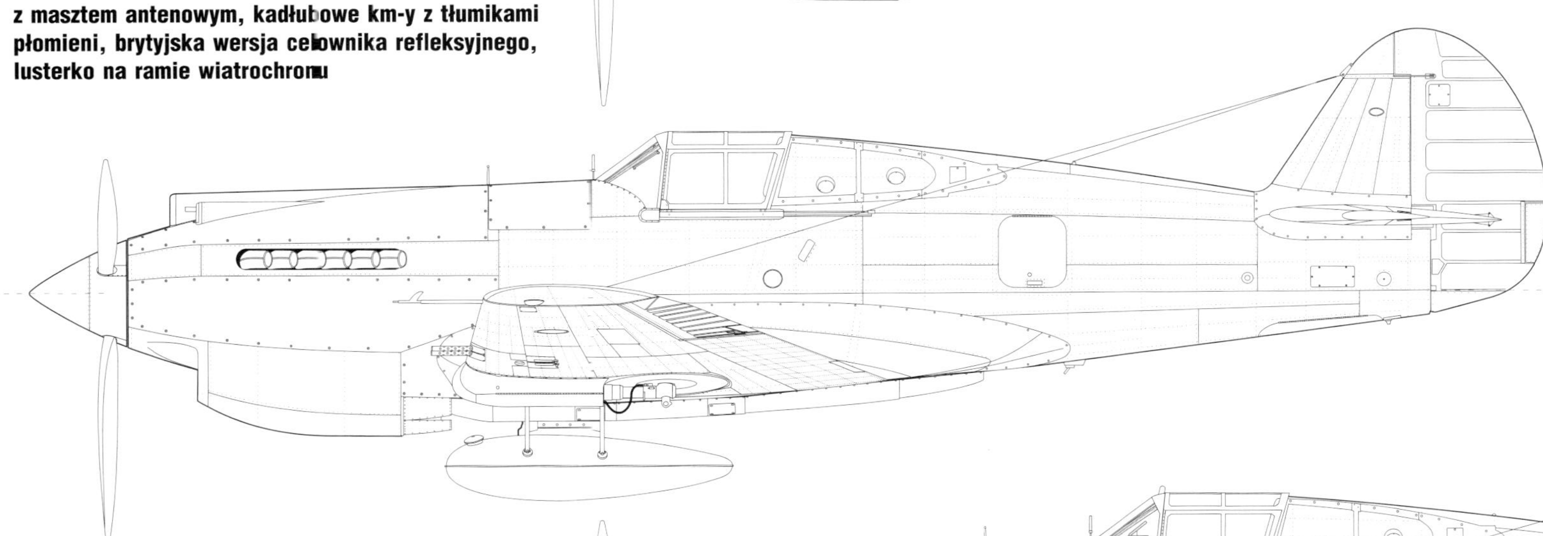

Curtiss P-40C – port view/ widok z lewej
note that the reflective panel of the reflector gunsight is mounted directly to the windshield, 52 U.S. gal underbelly drop tank/
reflektor celownika refleksyjnego na szybie pancernej, podkadłubowy zbiornik paliwa 52 US gal.

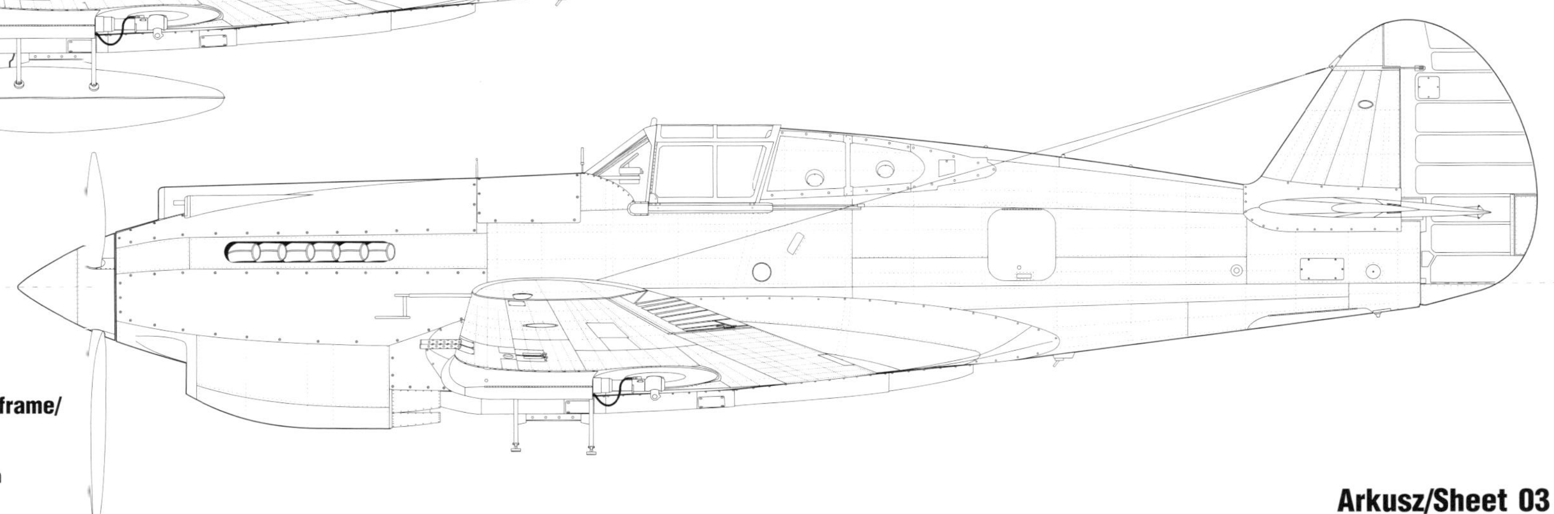

Tomahawk Mk IIB – port view/ widok z lewej
note a rearview mirror mounted on windshield's frame/
lusterko na ramie wiatrochronu

0 0,5 1 2 3m

Arkusz/Sheet 03

TOPDRAWINGS
Drawings/rysował: © Mariusz Łukasik

Curtiss P-40

www.kagero.eu
www.shop.kagero.pl

KAGERO
1:48 Scale

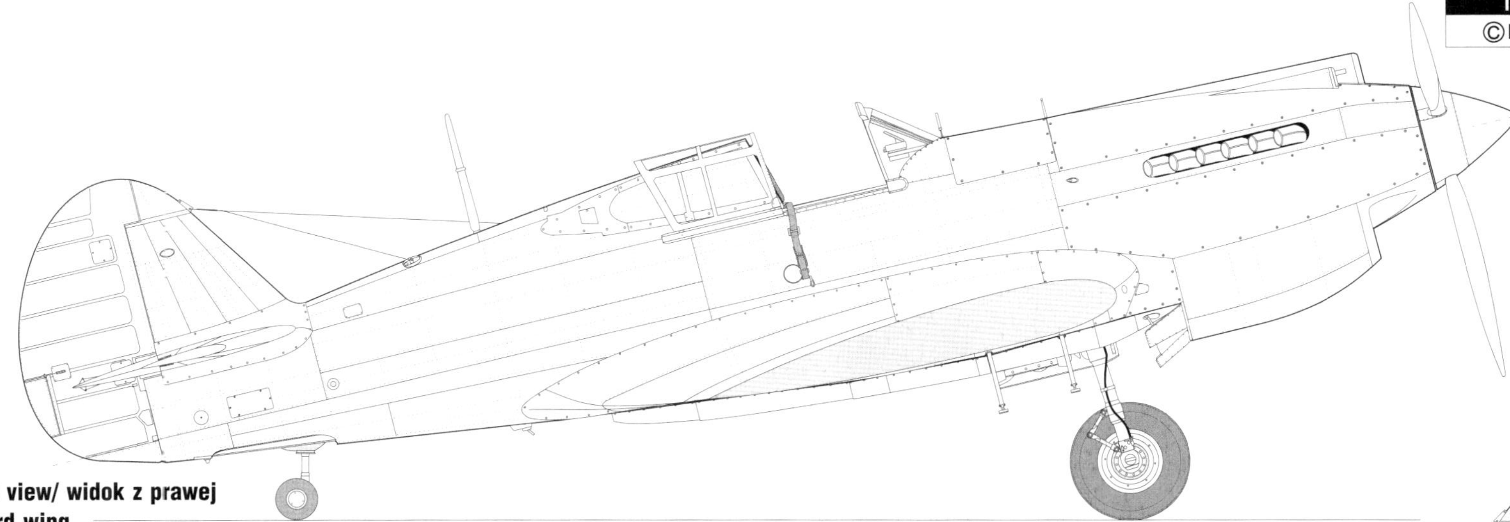

Tomahawk Mk IIB – starboard view/ widok z prawej
note antenna mast, sans starboard wing,
the actuator of rudder trim tab is of old type, taken from P-36/
z masztem antenowym, odjęte prawe skrzydło,
stary typ popychacza trymera steru kierunku z P-36

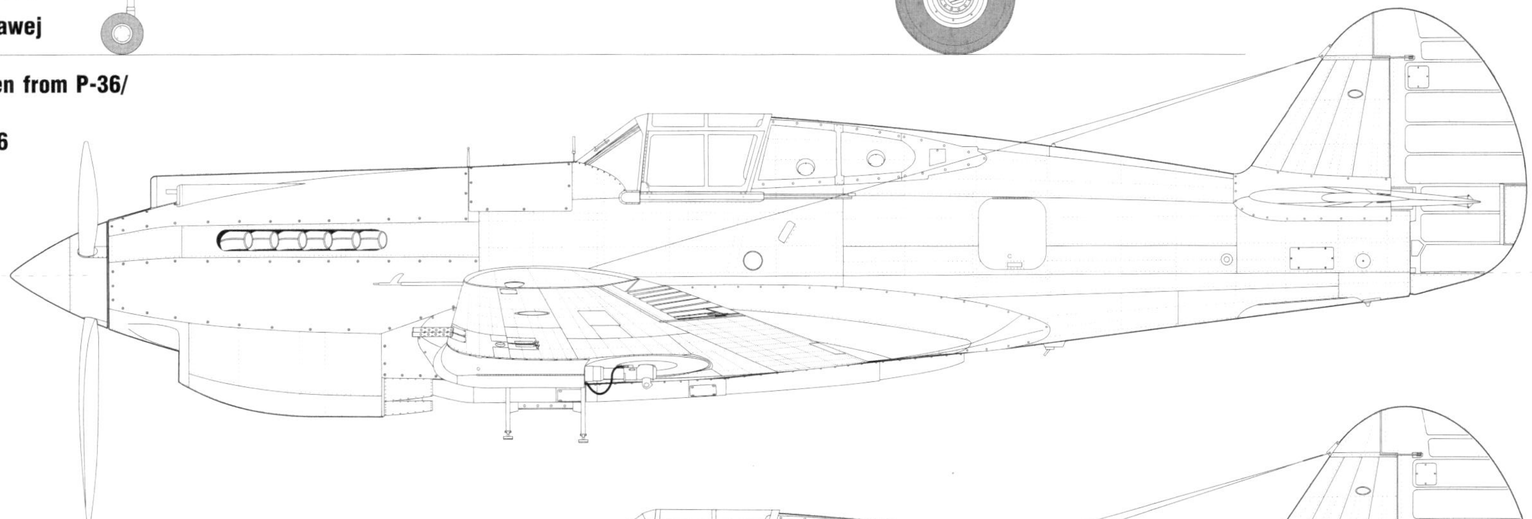

Curtiss P-40C – port view/ widok z lewej
reflective panel of the reflector gunsight is
mounted directly onto the windshield/
z szybą pancerną, reflektor głowicy optycznej
celownika refleksyjnego na wiatrochronie

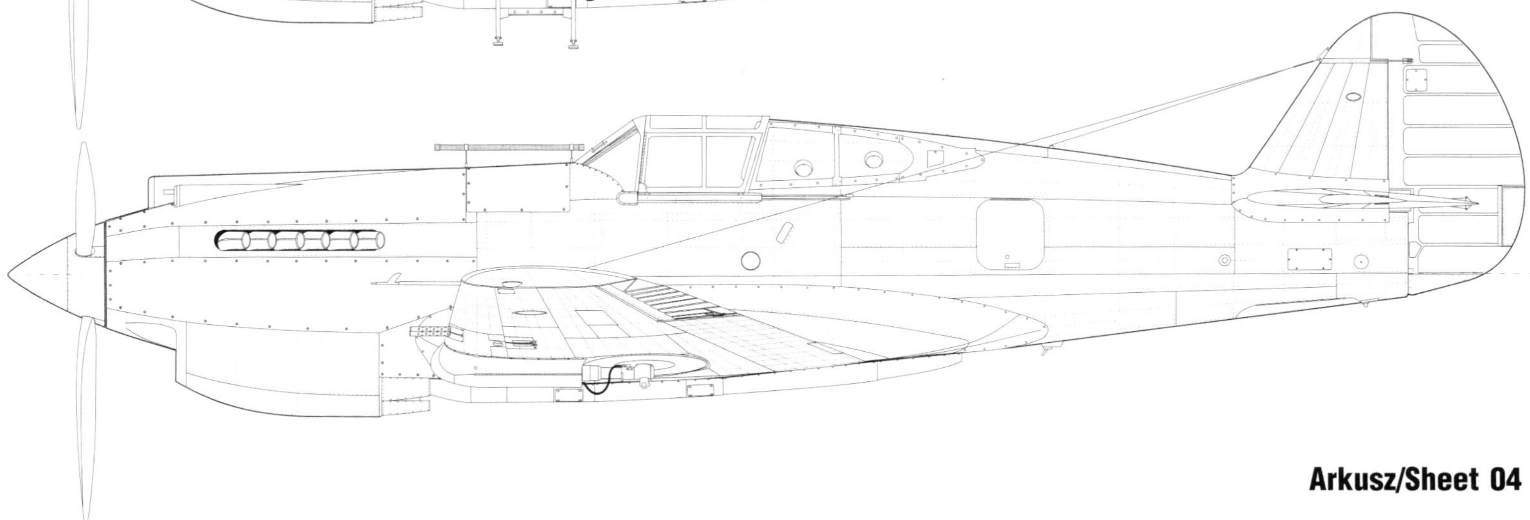

Curtiss P-40B/C – port view/ widok z lewej
note a telescopic gunsight, mounted as a field
modification (see the inset photo)/
lunetkowy celownik przeziernikowy,
jako polowa modyfikacja (zdjęcie)

0 0,5 1 2 3m

TOPDRAWINGS
Drawings/rysował: © Mariusz Łukasik

Curtiss P-40

www.kagero.eu
www.shop.kagero.pl

KAGERO
1:48 Scale
©Mariusz Łukasik

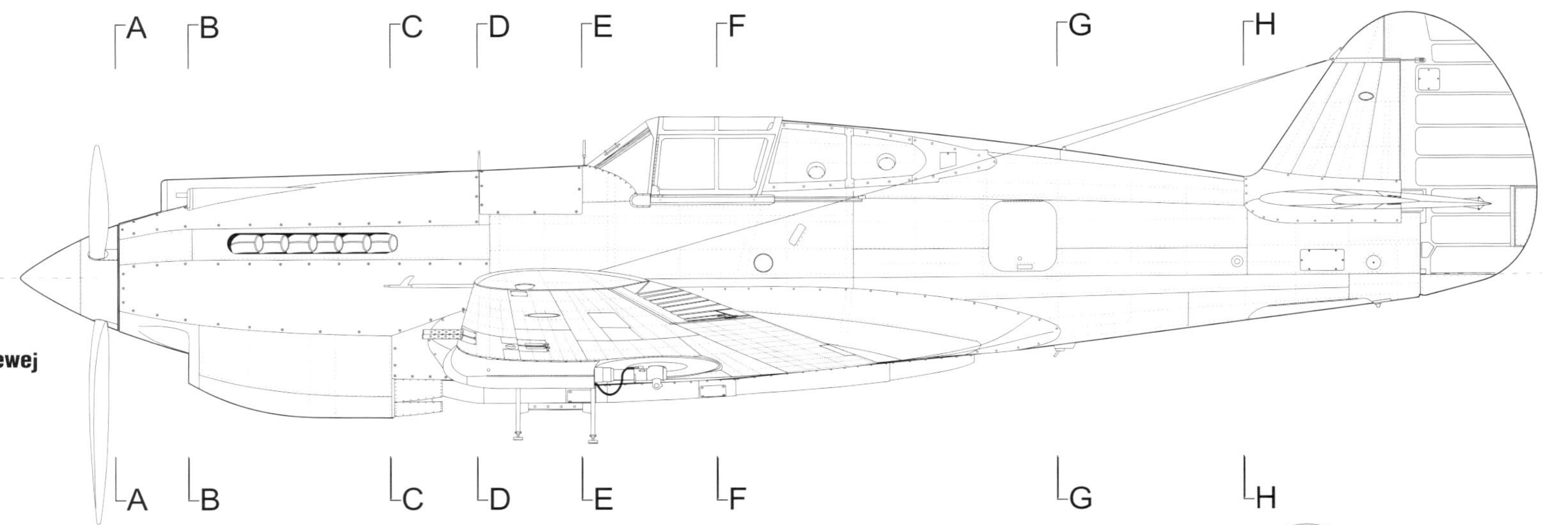

Curtiss P-40C – **port view/ widok z lewej**

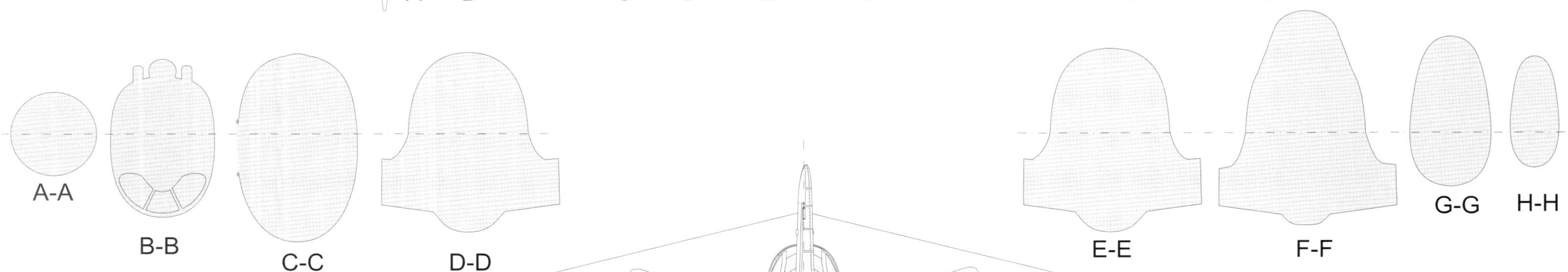

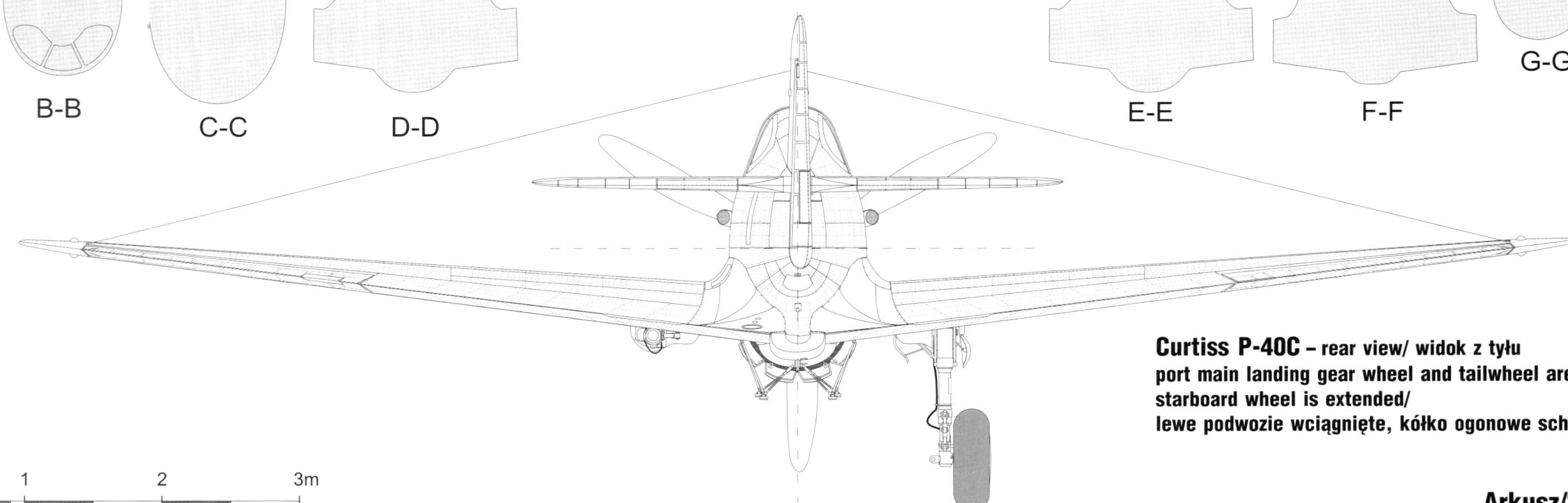

Curtiss P-40C – **rear view/ widok z tyłu**
port main landing gear wheel and tailwheel are retracted, starboard wheel is extended/
lewe podwozie wciągnięte, kółko ogonowe schowane

0 0,5 1 2 3m

Arkusz/Sheet 05

TOPDRAWINGS
Drawings/rysował: © Mariusz Łukasik

Curtiss P-40

www.kagero.eu
www.shop.kagero.pl

KAGERO
1:48 Scale
©Mariusz Łukasik

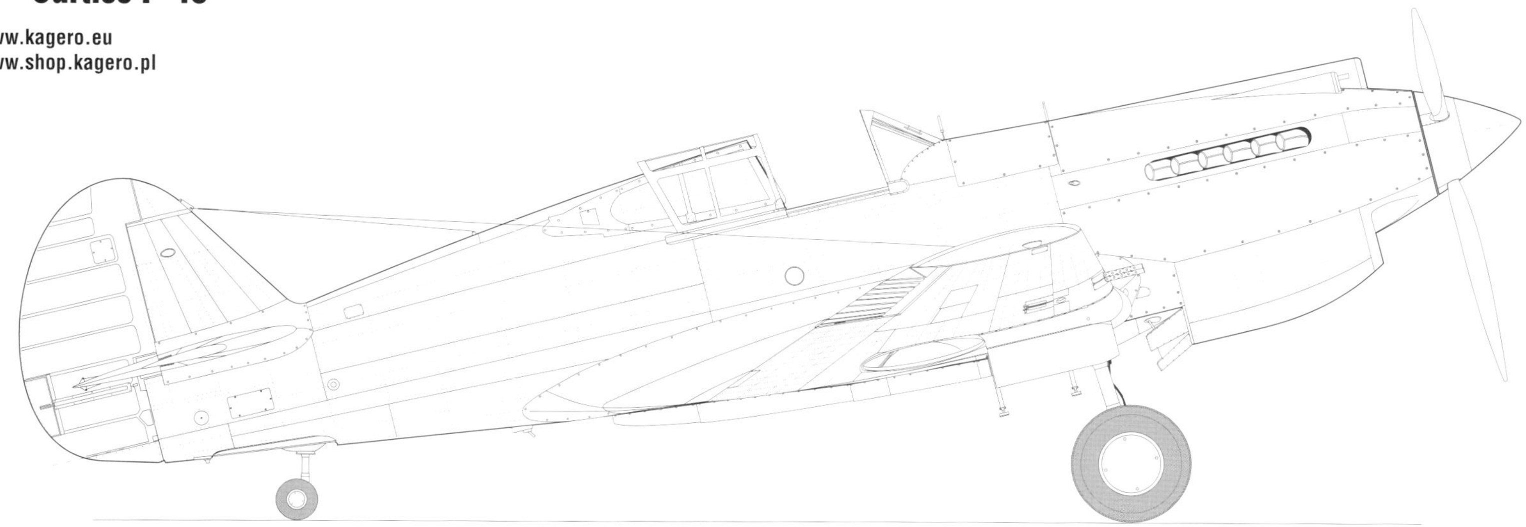

Curtiss P-40C – starboard view/ widok z prawej
canopy is slid back/ odsunięta owiewka kabiny

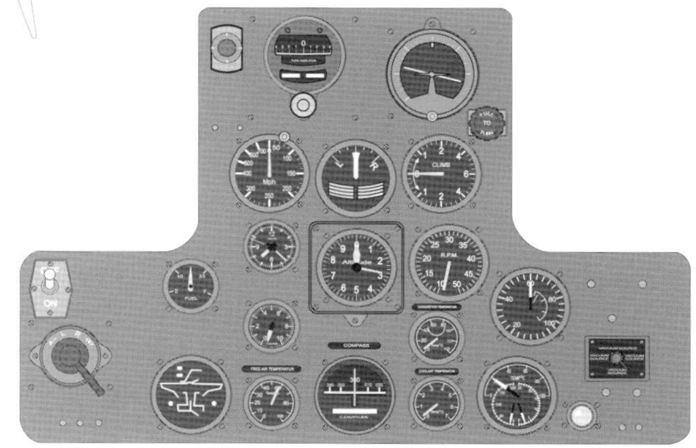

Curtiss P-40C
Instrument panel (drawing not to scale)/
tablica przyrządów (rysunek bez skali)

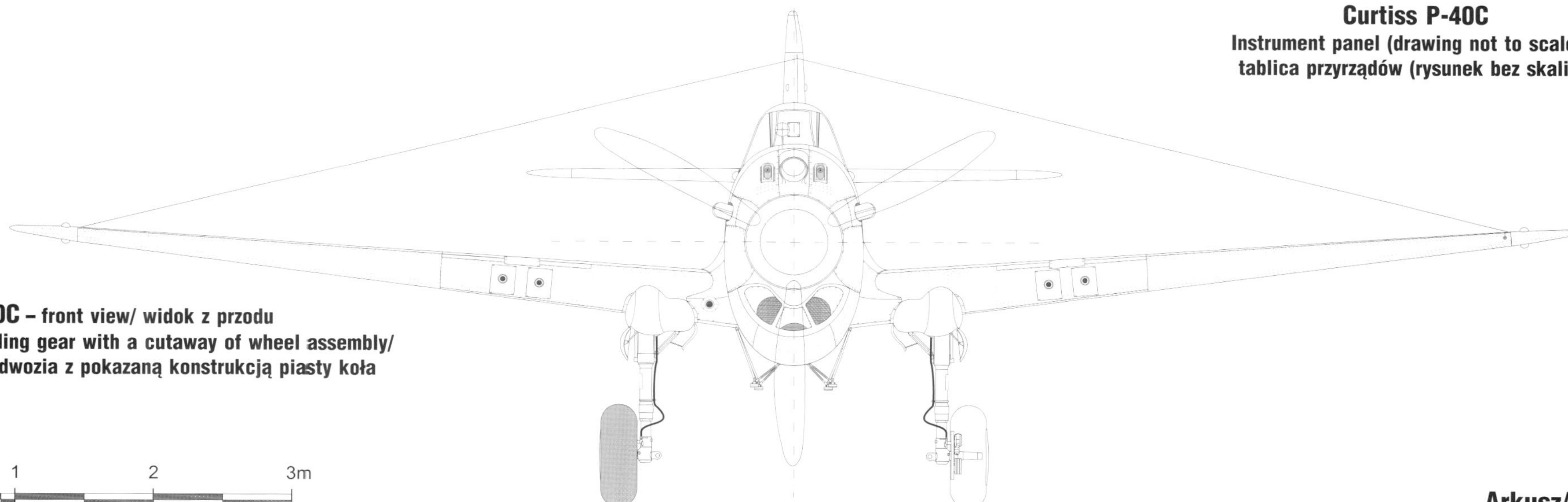

Curtiss P-40C – front view/ widok z przodu
port main landing gear with a cutaway of wheel assembly/
lewa goleń podwozia z pokazaną konstrukcją piasty koła

0 0,5 1 2 3m

Arkusz/Sheet 06

TOPDRAWINGS
Drawings/rysował: © Mariusz Łukasik

Curtiss P-40

www.kagero.eu
www.shop.kagero.pl

Curtiss P-40C – top view/ widok z góry

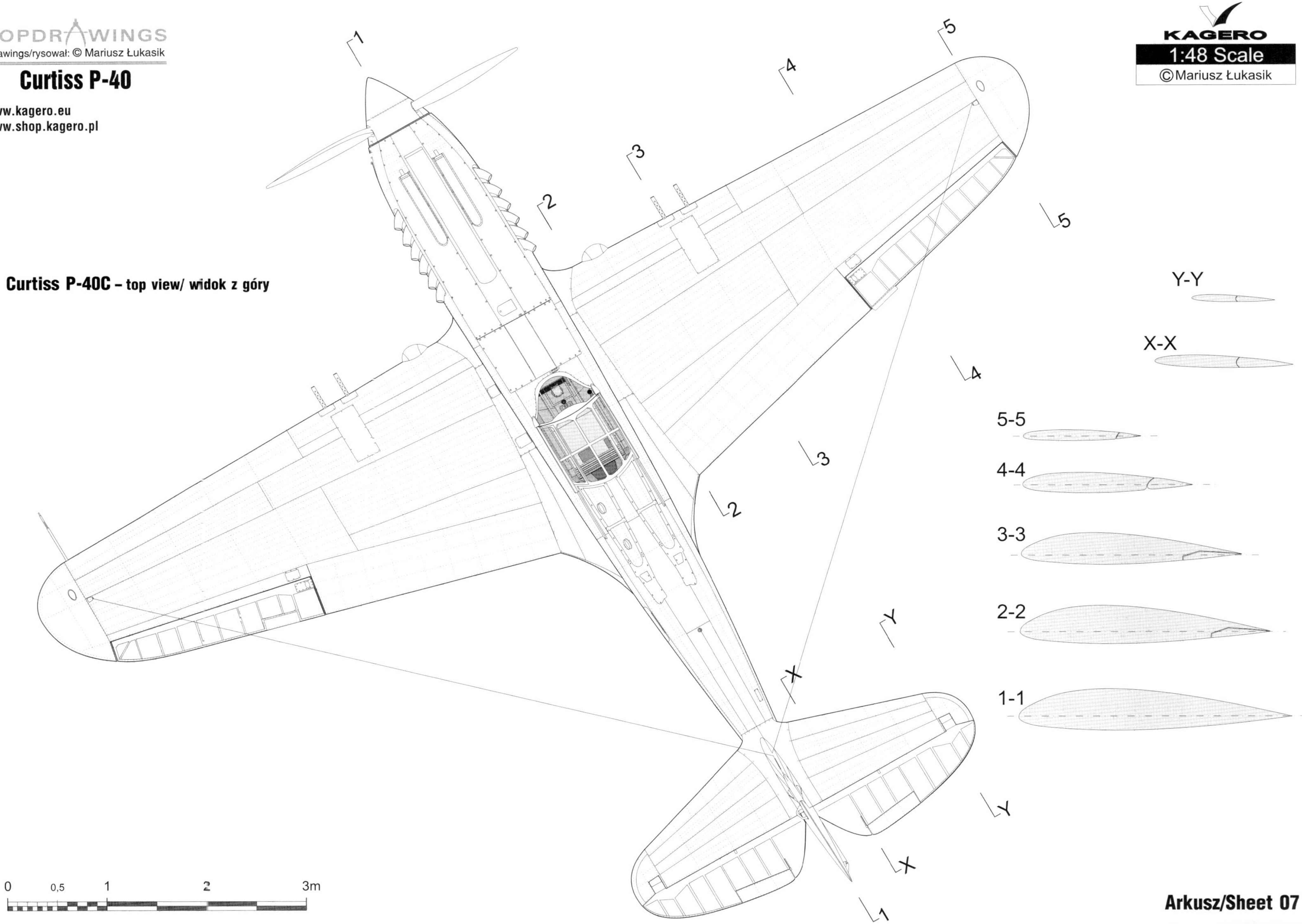

Arkusz/Sheet 07

TOPDRAWINGS
Drawings/rysował: © Mariusz Łukasik
Curtiss P-40
www.kagero.eu
www.shop.kagero.pl

KAGERO
1:48 Scale
©Mariusz Łukasik

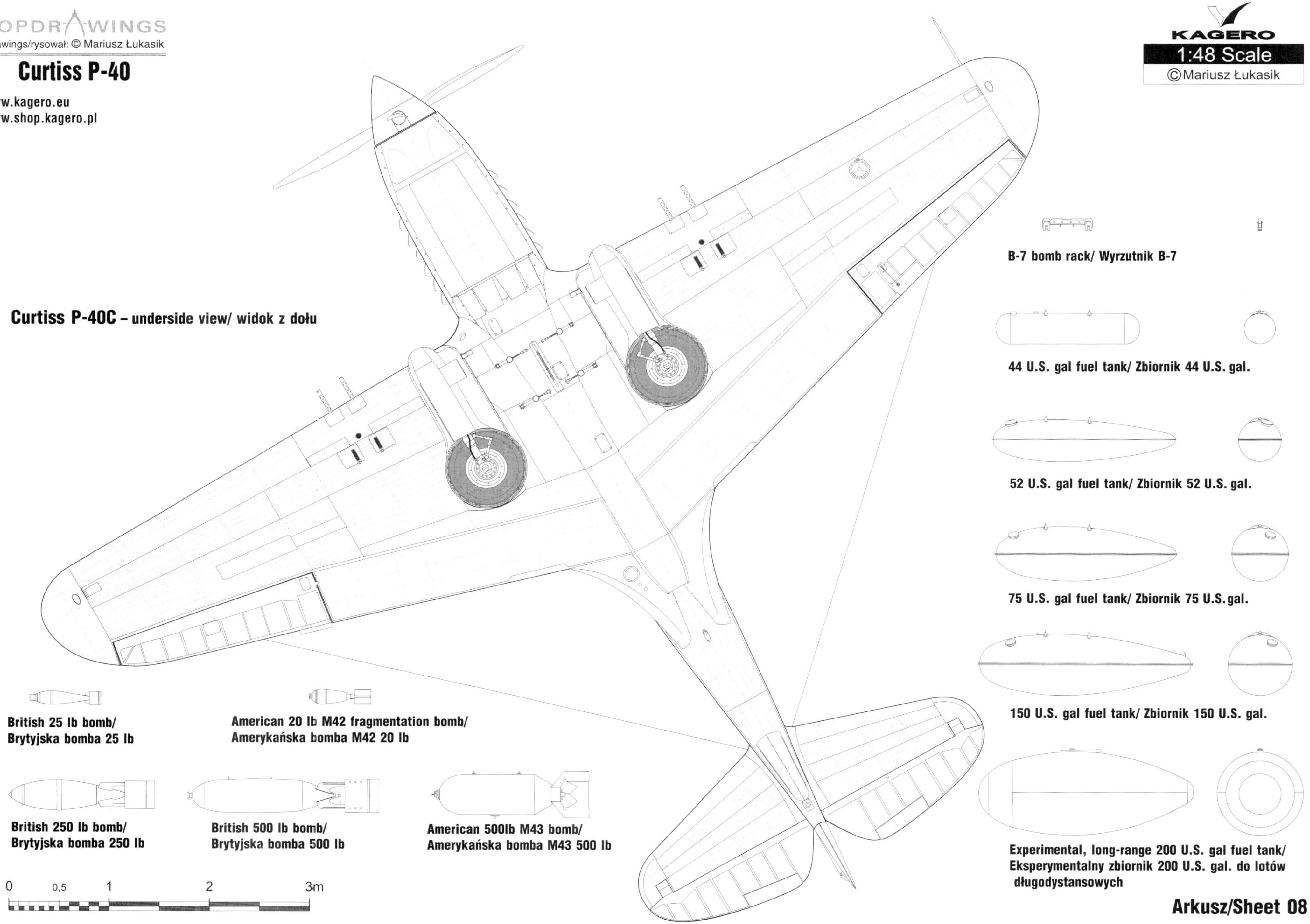

TOPDRAWINGS
Drawings/rysował: © Mariusz Łukasik

Curtiss P-40

www.kagero.eu
www.shop.kagero.pl

KAGERO
1:48 Scale
©Mariusz Łukasik

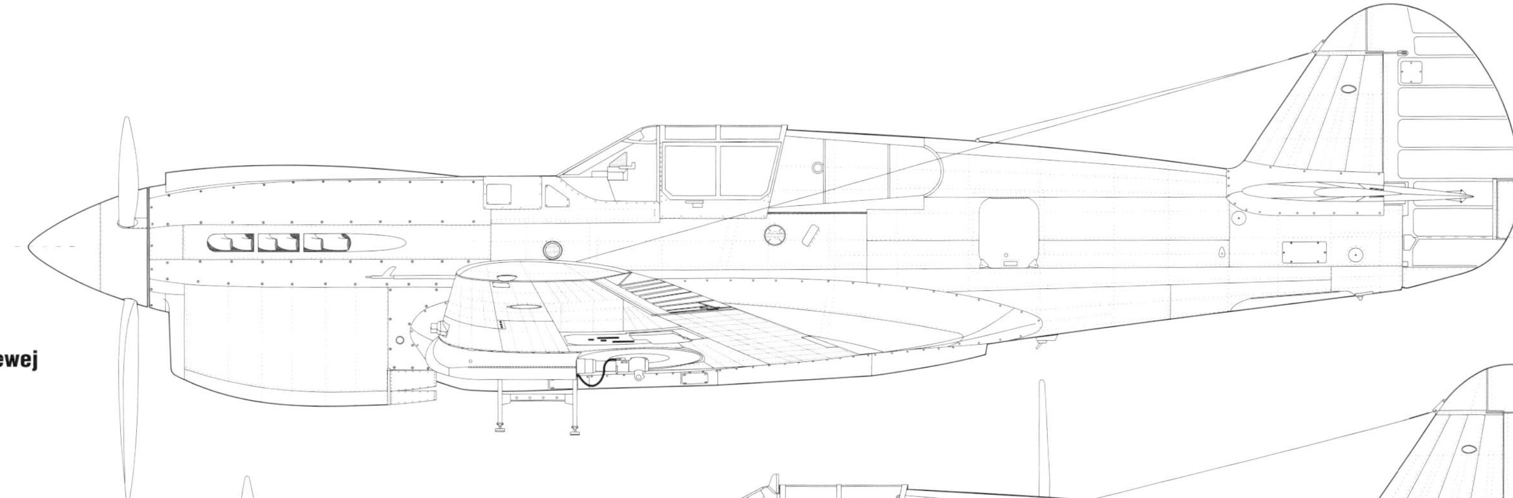

Curtiss P-40D – port view/ widok z lewej

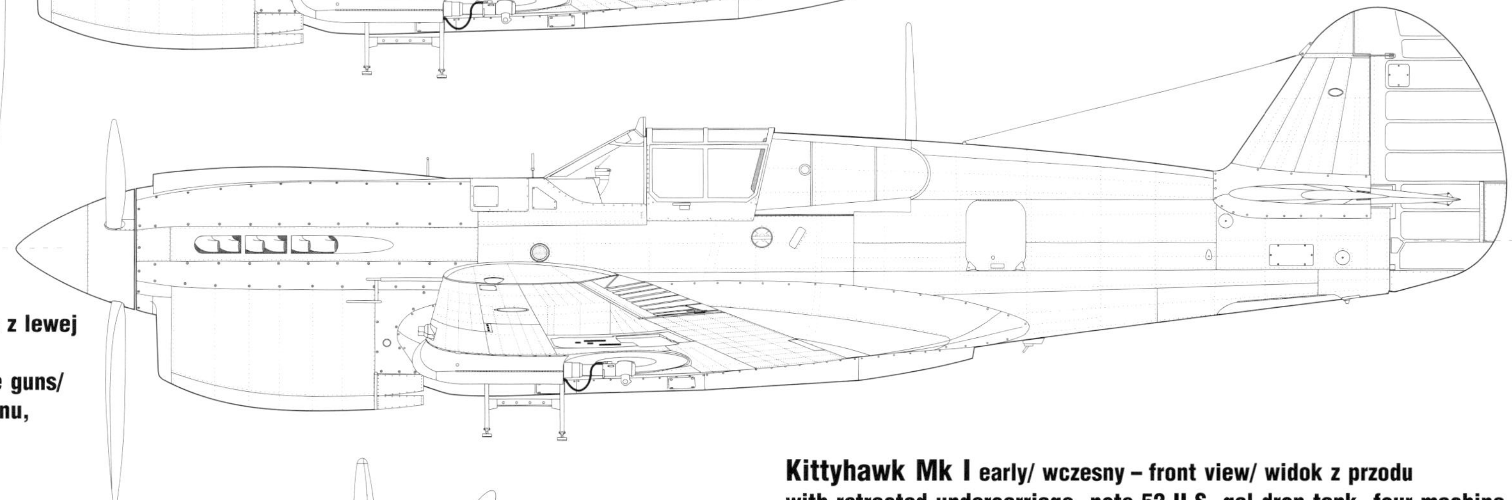

Kittyhawk Mk I early/ wczesny – port view/ widok z lewej
of note are antenna mast, rearview mirror mounted
on windshield frame and four wing-mounted machine guns/
z masztem antenowym, lusterko na ramie wiatrochronu,
cztery karabiny w skrzydłach

Kittyhawk Mk I early/ wczesny – front view/ widok z przodu
with retracted undercarriage, note 52 U.S. gal drop tank, four machine
guns in wings and G-45 gun camera slung under starboard wing/
podwozie wciągnięte, podwieszony zbiornik paliwa 52 U.S. gal.,
Cztery karabiny w płacie,fotokarabin G-45 pod prawym skrzydłem

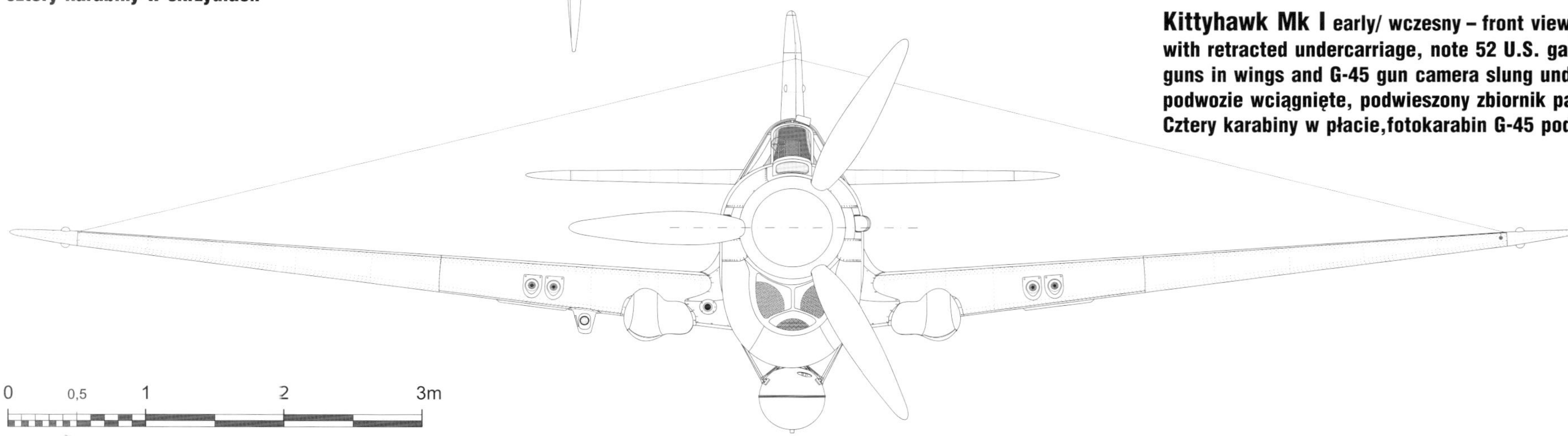

TOPDRAWINGS
Drawings/rysował: © Mariusz Łukasik

Curtiss P-40

www.kagero.eu
www.shop.kagero.pl

KAGERO
1:48 Scale
©Mariusz Łukasik

Curtiss P-40D - underside view/ widok z dołu with retracted undercarriage, of interest are: open access panel with two Browning 0.50 cal machine guns (port wing), 52 U.S. gal auxiliary drop tank and G-45 gun camera mounted under starboard wing/ podwozie wciągnięte, otwarty lewy panel uzbrojenia z dwoma km-ami Browning 0,5', podwieszony zbiornik zapasowy 52 U.S. gal., pod prawym skrzydłem zasobnik z fotokarabinem G-45

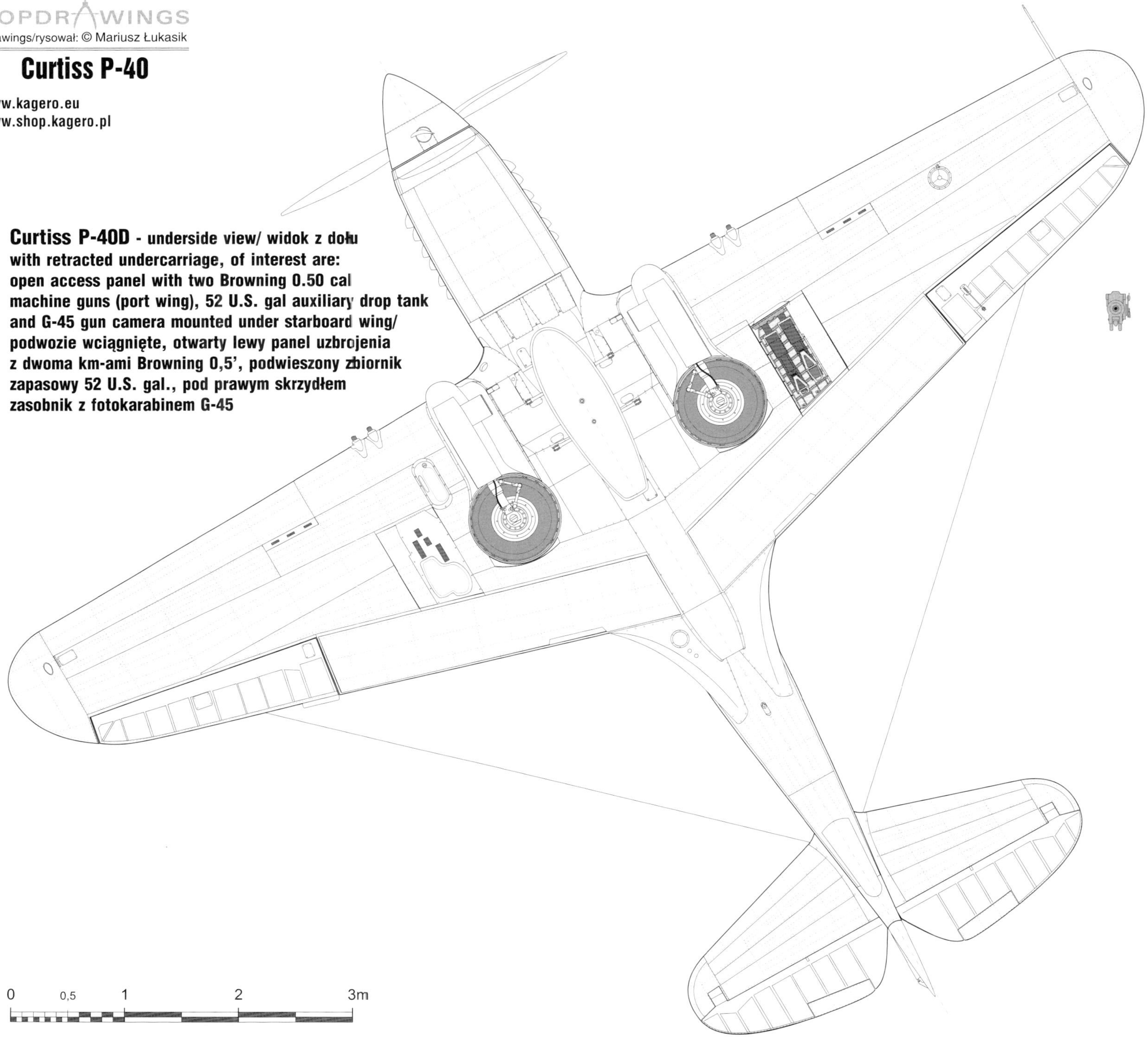

0 0,5 1 2 3m

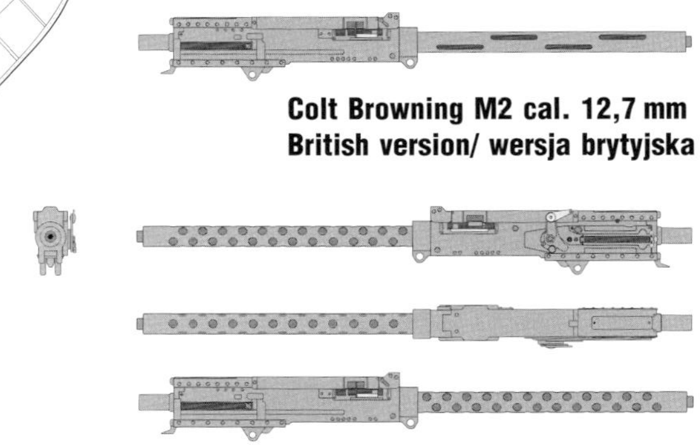

Colt Browning M2 cal. 12,7 mm
British version/ wersja brytyjska

Colt Browning M2 (MG.53-2) cal. 12,7 mm

Scale/Skala 1:24

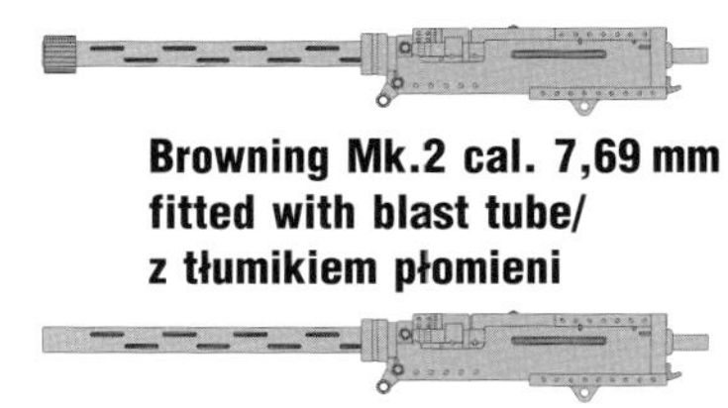

Browning Mk.2 cal. 7,69 mm
fitted with blast tube/
z tłumikiem płomieni

Browning Mk.2 cal. 7,69 mm
British version/ wersja brytyjska

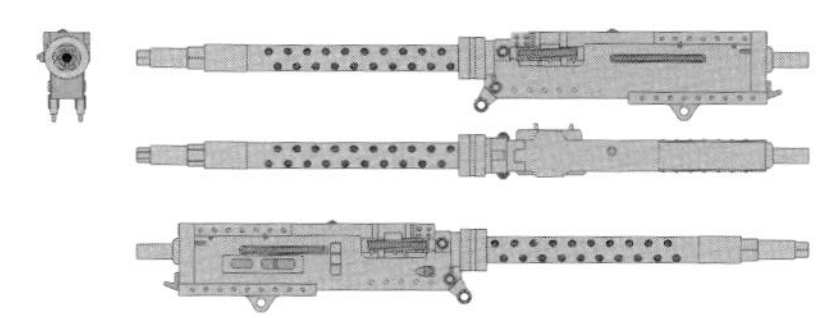

Colt Browning MG.40 cal. 7,62 mm

Arkusz/Sheet 10

TOPDRAWINGS
Drawings/rysował: © Mariusz Łukasik

Curtiss P-40

www.kagero.eu
www.shop.kagero.pl

KAGERO
1:48 Scale
©Mariusz Łukasik

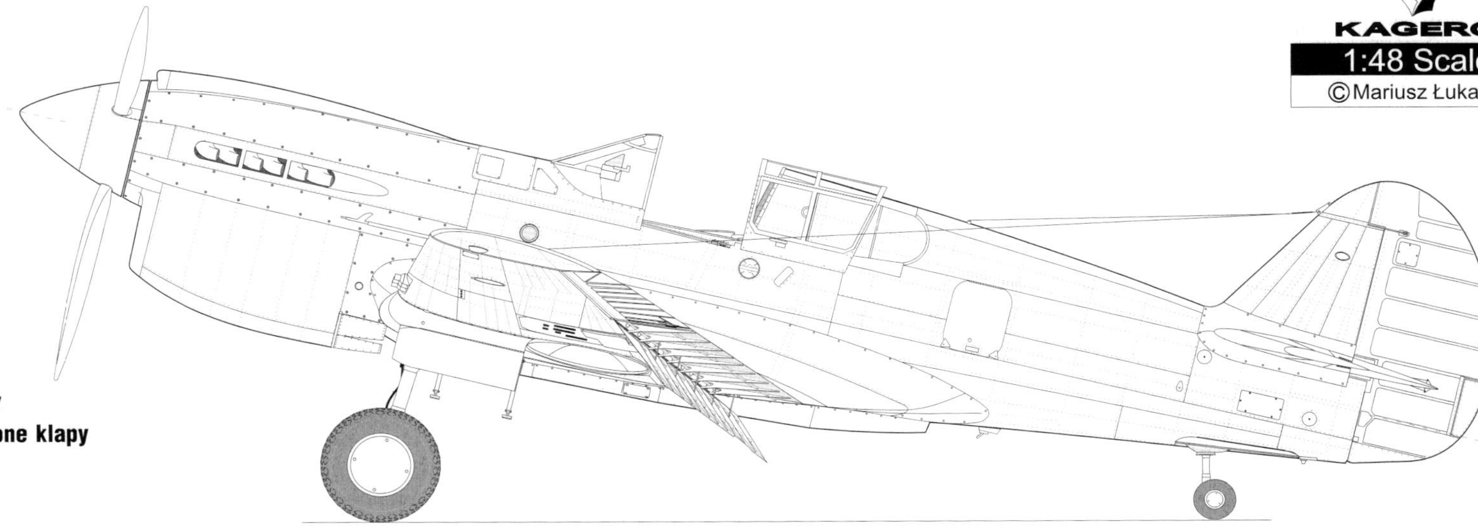

Curtiss P-40E – port view/ widok z lewej,
canopy is slid back and flaps are fully extended/
odsunięta owiewka kabiny, maksymalnie wychylone klapy

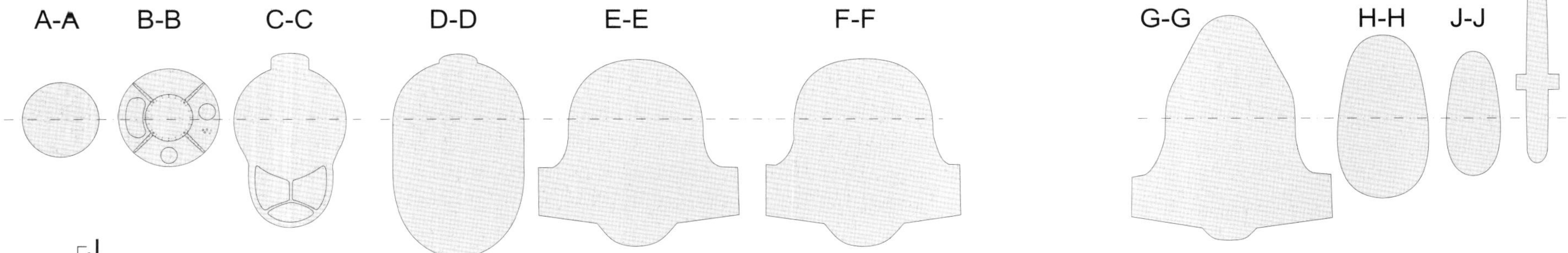

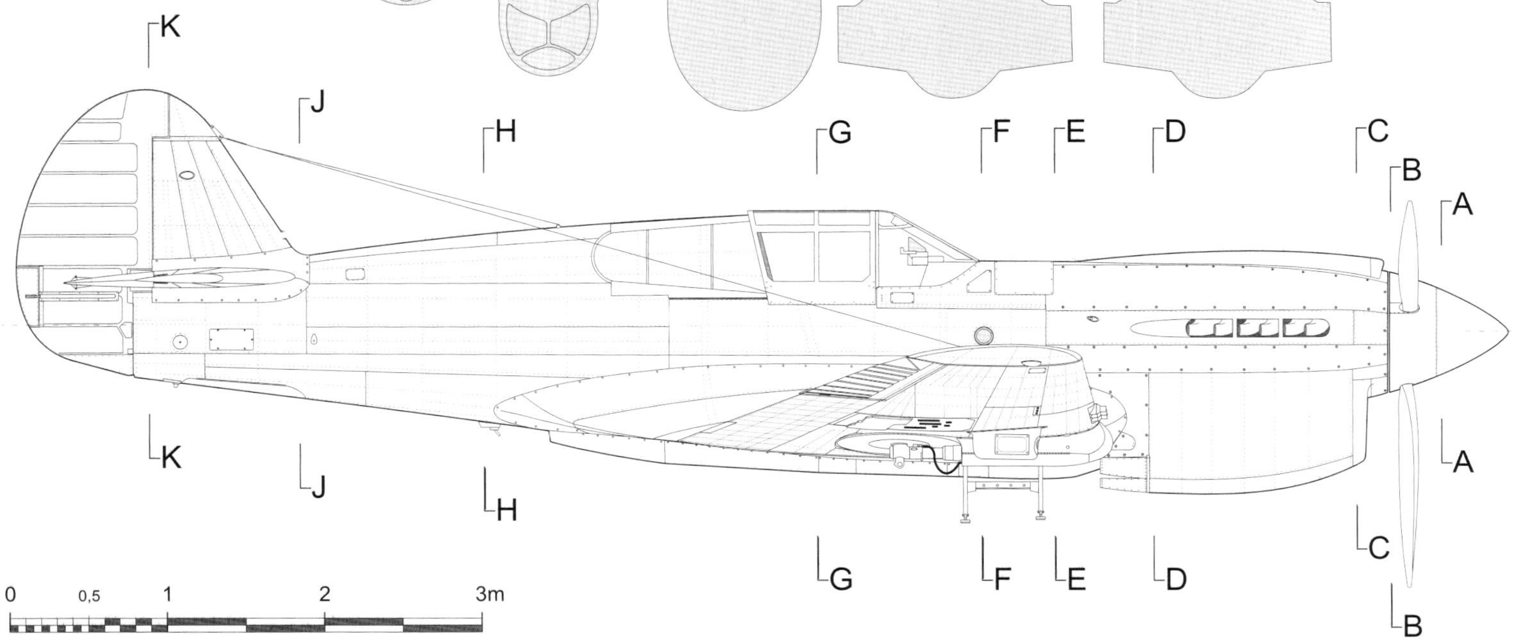

Curtiss P-40E – starboard view/ widok z prawej
note G-45 gun camera under starboard wing/
fotokarabin G-45 pod prawym skrzydłem

Arkusz/Sheet 11

P-40B (s/n probably 41-13316) no 316 (GHQ ??/15P) of 47th Pursuit Squadron, 15th Pursuit Group, USAAF, Haleiwa Field, Oahu, Hawaii, December 1941. The aircraft in standard camouflage (Spec. 24114): fuselage and topsides are painted with No 41 Dark Olive Drab, undersides with No 43 Neutral Gray. National insignia in two positions only: on the upper port wing and lower starboard wing. Big, white fuselage codes were typical of units stationed in the Hawaiian Islands. GHQ markings are partially overpainted.

P-40B (nr ser. prawdopodobnie 41-13316) nr 316 (oznaczenie GHQ ??/15P) z 47th Pursuit Squadron, 15th Pursuit Group, USAAF, Haleiwa Field, Oahu, Hawaje, grudzień 1941 roku. Samolot w standardowym kamuflażu według Specyfikacji 24114: górne i boczne powierzchnie oliwkowe 41 Dark Olive Drab, dolne szare 43 Neutral Gray. Kamuflaż i oznakowanie matowe. Znaki rozpoznawcze na skrzydłach tylko w dwóch pozycjach – na górnej powierzchni lewego skrzydła i dolnej prawego. Duże białe numery na kadłubie stosowano tylko w jednostkach stacjonujących na Hawajach. Samolot ma częściowo zamalowane oznaczenia GHQ.

P-40C (s/n unknown) no 24 (GHQ 24/36P) of 22nd Pursuit Squadron, 36th Pursuit Group, USAAF, Losey Field, Puerto Rico, the Caribbean Islands, late 1941 or early 1942. The aircraft in standard camouflage of No 41 Dark Olive Drab / No 43 Neutral Gray (matt finish). National insignia in two positions only: on the upper port wing and lower starboard wing. GHQ markings, no longer obligatory at that time, can only be seen on the fin. The aircraft lacks the ring-and-bead gunsight ahead of the windshield. Note 52 U.S. gallon auxiliary fuel tank under fuselage.

P-40C (nr ser. nieznany) nr 24 (oznaczenie GHQ 24/36P) z 22nd Pursuit Squadron, 36th Pursuit Group, USAAF, Losey Field, Puerto Rico, Karaiby, koniec 1941 lub początek 1942 roku. Samolot w standardowym kamuflażu 41 Dark Olive Drab / 43 Neutral Gray. Kamuflaż i oznakowanie matowe. Znaki rozpoznawcze na skrzydłach tylko w dwóch pozycjach – na górnej powierzchni lewego skrzydła i dolnej prawego. Oznaczenia GHQ, w tym czasie już nieobowiązujące, pozostały tylko na usterzeniu. Samolot nie ma celownika przeziernikowego przed wiatrochronem. Pod kadłubem dodatkowy zbiornik paliwa o pojemności 52 galonów.

Painted by / Malował:
Janusz Świałoń

Painted by / Malował:
Janusz Światłoń

Tomahawk Mk IIB (AK402) coded„GA-F" of No 112 Sqn RAF, flown by P/O Neville F. Duke, the future ranking RAF ace of the MTO. (26.83 aerial victories); Sidi Haneish, Egypt, November 1941. Duke completed three operational tours: one in UK with No 92 Sqn, another in North Africa with No 112 Sqn and one more in Italy with No 145 Sqn.

Tomahawk Mk IIB (AK402) o kodzie bocznym„GA-F" z 112. Sqn RAF, na którym latał P/O Neville F. Duke, przyszły czołowy as RAF na Śródziemnomorskim Teatrze Działań (26,83 zestrzelenia); Sidi Haneish, Egipt, listopad 1941 roku. Duke wylatał trzy tury bojowe: w Anglii w 92. Sqn, następnie w 112. Sqn w Afryce Północnej i w 145. Sqn we Włoszech.

P-40B Warhawk pilotowany przez podporucznika George'a Welcha podczas japońskiego nalotu na bazę w Pearl Harbor 7 grudnia 1941 roku

KAGERO publishing

Arkadiusz Wróbel

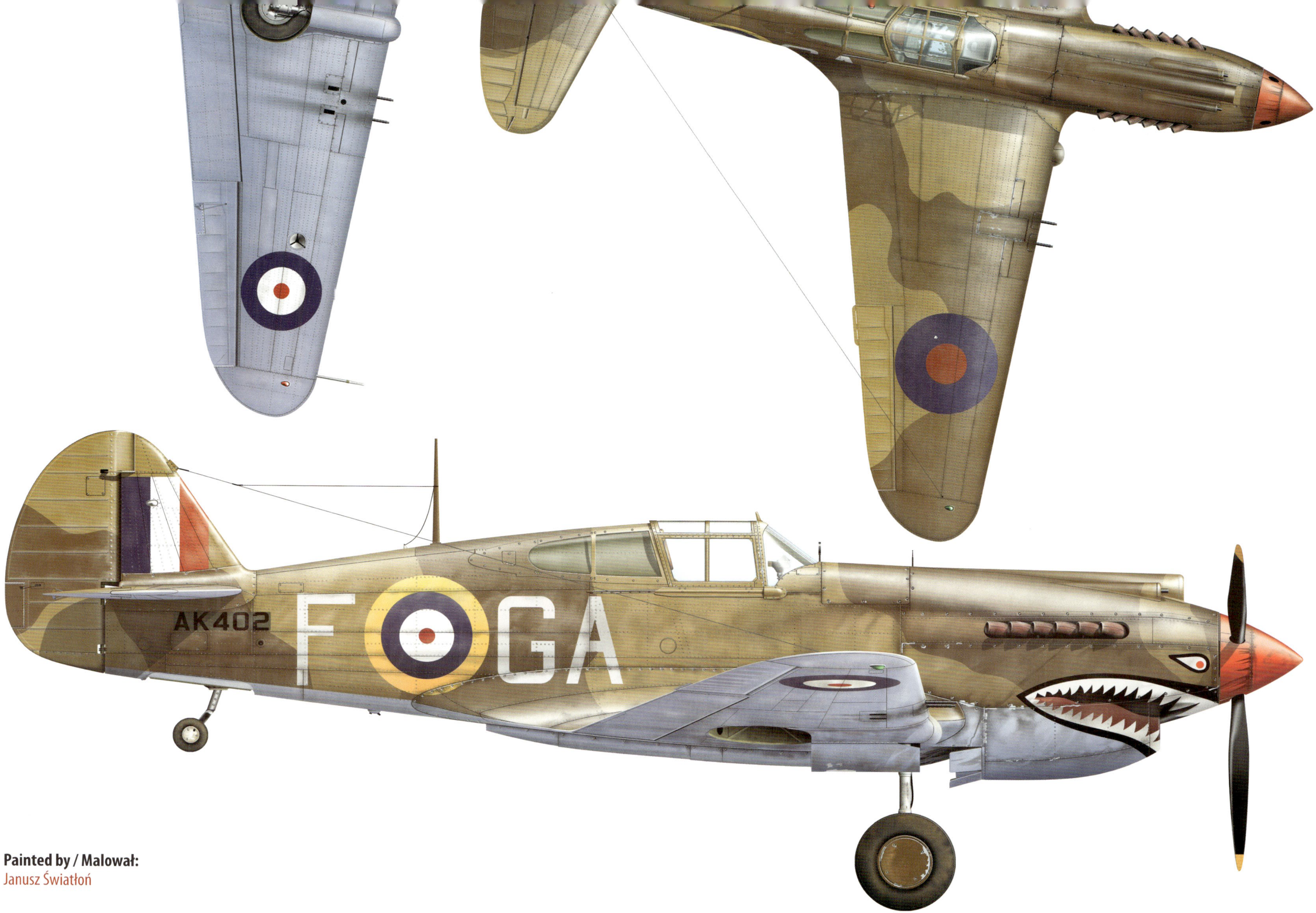

Painted by / Malował:
Janusz Światłoń

P-40E-1 Kittyhawk Mk IA No. 01 (FAB seria 4020, s/n 41-36132, RAF ET778) from Agrupamento de Avioes (air group) Força Aérea Brasileira (FAB, Brazilian Air Force), Natal, Brazil, 1942–1943. One of the six P-40E-1 aircraft delivered to FAB in April 1942. The fighters had been originally built for RAF, but later diverted to USAAF. The machine sports a non-standard British Temperate Land Scheme factory applied using U.S. paints – probably 42 Medium Green, Sand and Sky Gray (or DuPoint 71 series paints – 71-013 dark green, 71-009 brown and 71-021 light gray). Over painted U.S. ARMY markings and U.S. national insignia on the right wing's lower surface. Brazilian national insignia on the fuselage and upper wing surfaces only; later the markings were also added to the lower wings surfaces. Black 01 tail number. The aircraft is equipped with a rearview mirror on the windshield frame, a G-45 gun camera pod under the starboard wing and a U.S. style (straight) pitot probe.

P-40E-1 Kittyhawk Mk IA nr 01 (nr ewid. FAB 4020, s/n 41-36132, nr ewid. RAF ET778) z Agrupamento de Avioes (grupy lotniczej) Força Aérea Brasileira (FAB), Natal, Brazylia, 1942–1943 rok. Jeden z sześciu samolotów tej wersji przekazanych FAB w kwietniu 1942 roku z puli maszyn budowanych dla Wielkiej Brytanii i zatrzymanych na potrzeby USAAF. Samolot w niestandardowym brytyjskim kamuflażu Temperate Land Scheme, naniesionym fabrycznie amerykańskimi farbami – najprawdopodobniej ciemnozieloną 42 Medium Green, jasnobrązową (piaskową) Sand i szarozielonkawą Sky Gray (lub farbami firmy DuPont z serii 71 – ciemnozieloną 71-013, jasnobrązową 71-009 i jasnoszarą 71-021). Napis U.S. ARMY i amerykański znak rozpoznawczy na dolnej powierzchni prawego skrzydła zamalowane. Brazylijskie znaki rozpoznawcze tylko na kadłubie i górnych powierzchniach skrzydeł, potem domalowane także na dolnych. Numer 01 na usterzeniu czarny. Samolot ma lusterko wsteczne na ramie wiatrochronu, fotokaem G-45 w zasobniku pod prawym skrzydłem i amerykańską (prostą) rurkę Pitota.

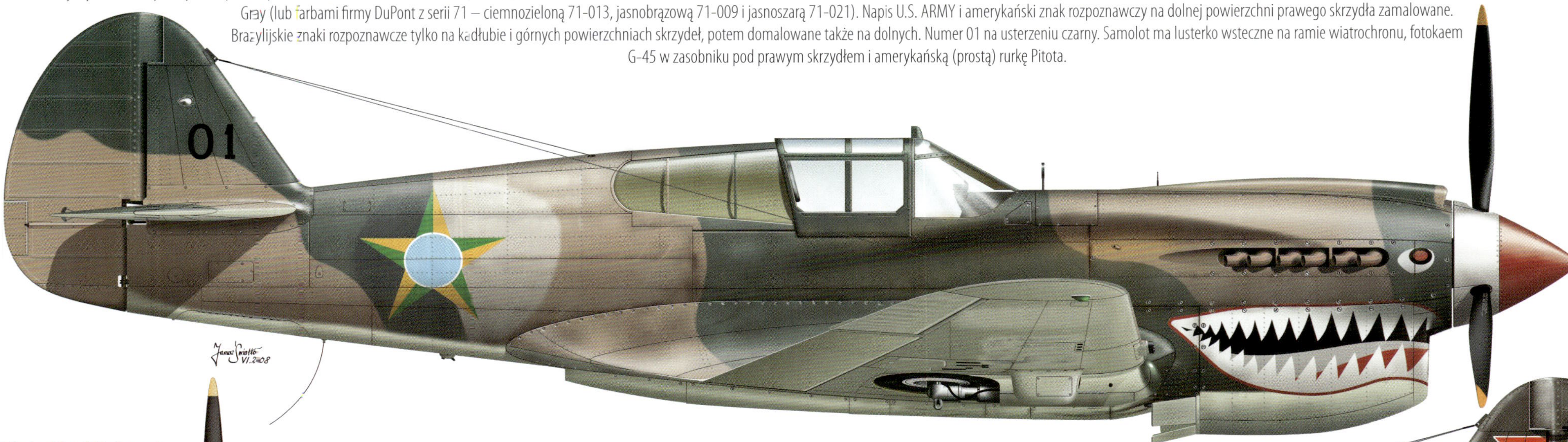

Painted by / Malował:
Janusz Światłoń

P-40E No. 3 (s/n unknown) from Rikugun Kokucijutsu Kenkyusho (Army Air Technical Research Institute, known as Giken), Tachikawa near Tokyo, Japan, 1942–1943. One of the airworthy P-40s captured by the Japanese in the Philippines and Java in early 1942 and subsequently used by the Imperial Japanese Army Air Force (IJAAF) as test and training airframes. The aircraft wears a standard 41 Dark Olive Drab / 43 Neutral Gray U.S. camouflage scheme. The Japanese hinomaru replaced U.S. national insignia (on both wings' upper and lower surfaces). The U.S. ARMY inscription on the lower wings surfaces was over painted. White number 3 and fuselage band. Giken emblem on the tail.

P-40E nr 3 (s/n nieznany) z Rikugun Kokucijutsu Kenkyusho (Instytutu Doświadczalnego Techniki Lotniczej Armii, w skrócie zwanego Giken), Tachikawa koło Tokio, Japonia, 1942–1943 rok. Jeden z kilkunastu sprawnych samolotów P-40 zdobytych przez Japończyków na Filipinach i Jawie w pierwszych miesiącach 1942 roku i wykorzystywanych następnie przez japońskie Lotnictwo Armii (Imperial Japanese Army Air Force, IJAAF) m.in. do testów i szkolenia. Samolot w standardowym amerykańskim kamuflażu 41 Dark Olive Drab / 43 Neutral Gray. Amerykańskie znaki rozpoznawcze zastąpiono japońskimi hinomaru (na obu skrzydłach z góry i z dołu), a napis U.S. ARMY na dolnej powierzchni skrzydeł zamalowano. Numer 3 i pas na kadłubie białe. Na usterzeniu godło ośrodka doświadczalnego Giken.

TOPDRAWINGS
Drawings/rysował: © Mariusz Łukasik

Curtiss P-40

www.kagero.eu
www.shop.kagero.pl

KAGERO
1:48 Scale
©Mariusz Łukasik

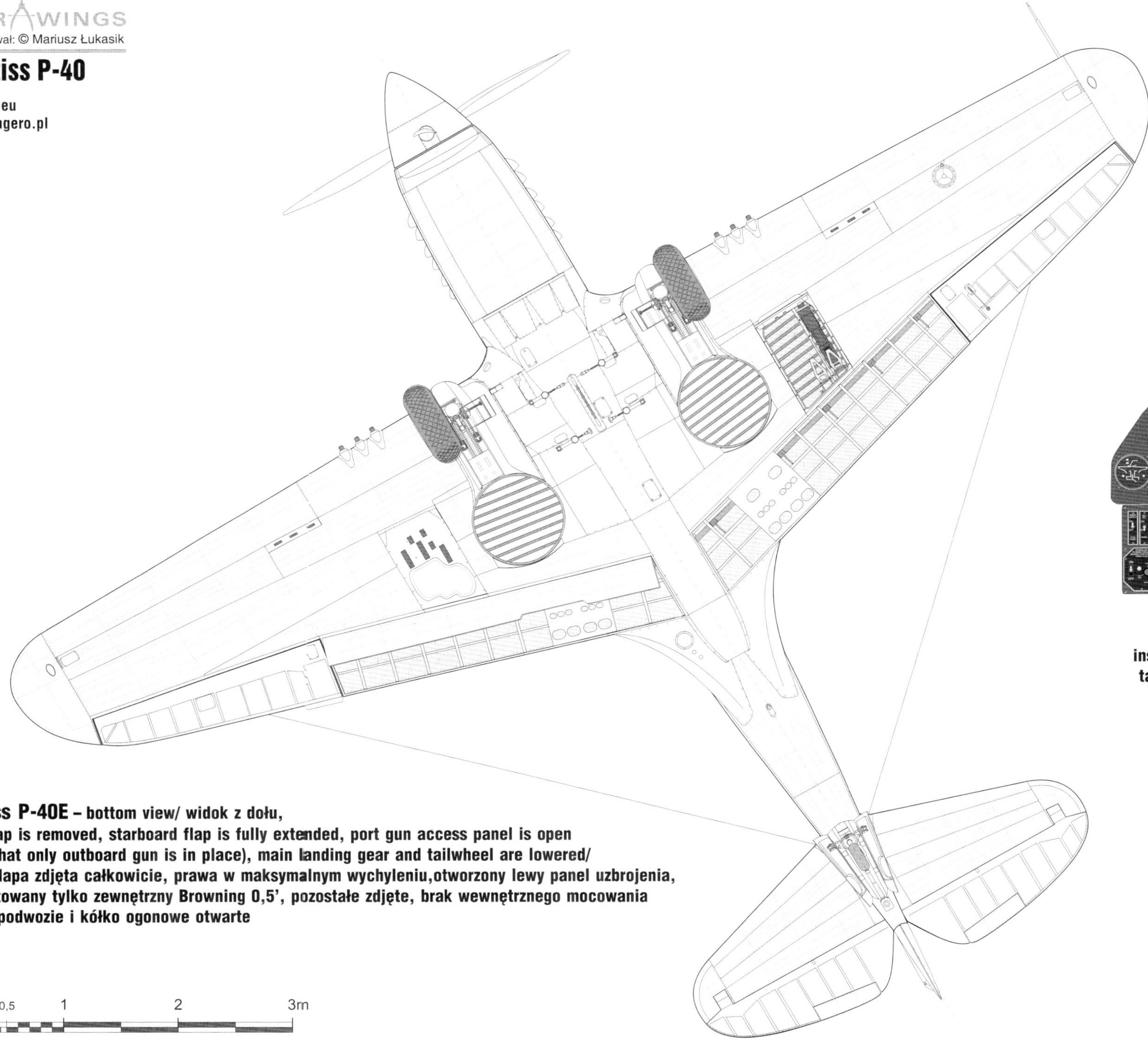

Curtiss P-40E – bottom view/ widok z dołu,
port flap is removed, starboard flap is fully extended, port gun access panel is open (note that only outboard gun is in place), main landing gear and tailwheel are lowered/
lewa klapa zdjęta całkowicie, prawa w maksymalnym wychyleniu,otworzony lewy panel uzbrojenia, zamontowany tylko zewnętrzny Browning 0,5', pozostałe zdjęte, brak wewnętrznego mocowania km-u, podwozie i kółko ogonowe otwarte

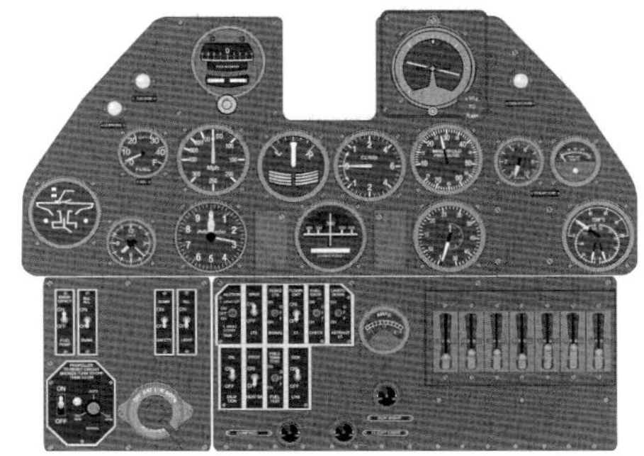

Curtiss P-40E
instrument panel (drawing not to scale)/
tablica przyrządów (rysunek bez skali)

0 0,5 1 2 3m

Arkusz/Sheet 12

TOPDRAWINGS

Drawings/rysował: © Mariusz Łukasik

Curtiss P-40

www.kagero.eu
www.shop.kagero.pl

KAGERO
1:48 Scale
©Mariusz Łukasik

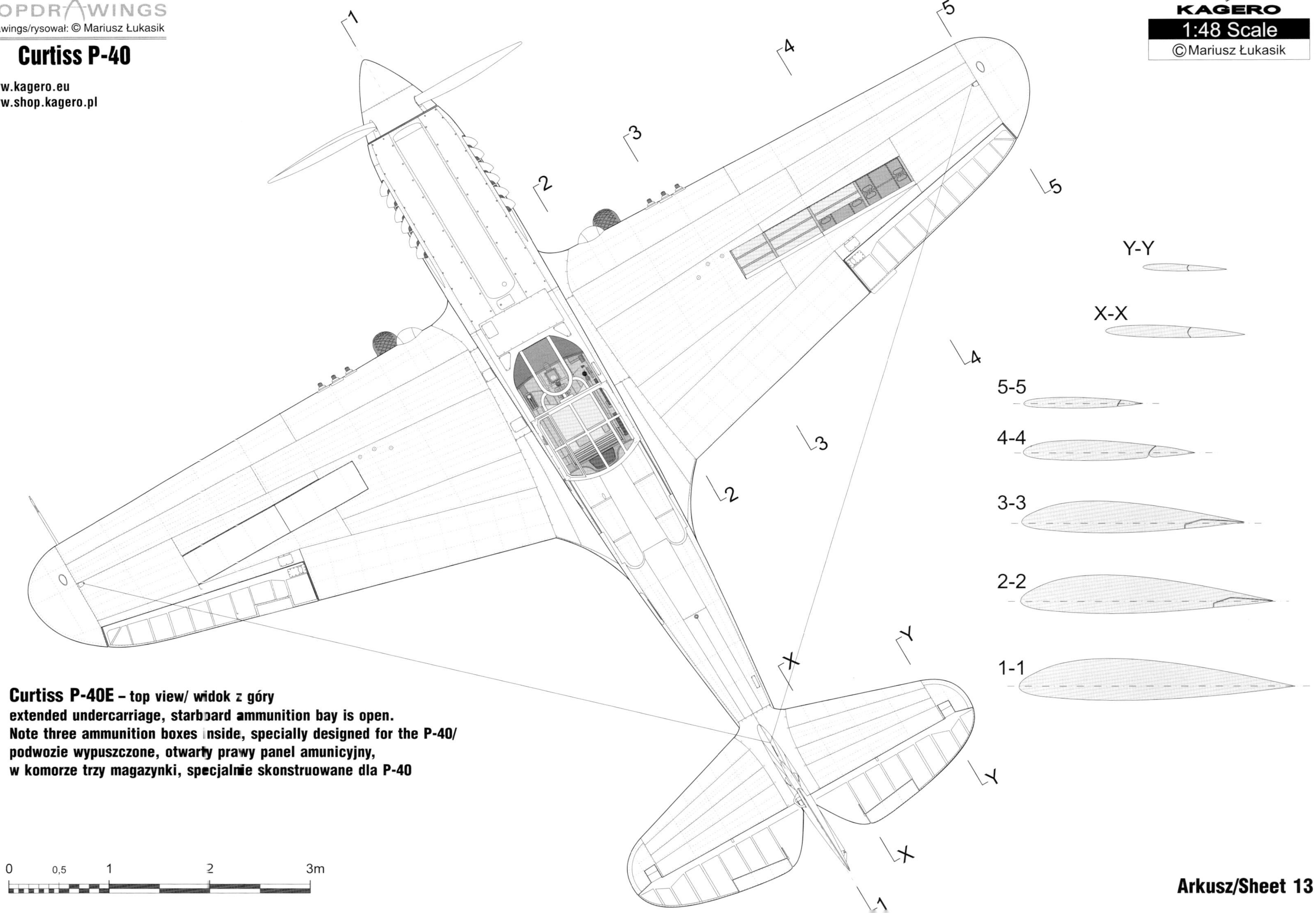

Curtiss P-40E – top view/ widok z góry
extended undercarriage, starboard ammunition bay is open.
Note three ammunition boxes inside, specially designed for the P-40/
podwozie wypuszczone, otwarty prawy panel amunicyjny,
w komorze trzy magazynki, specjalnie skonstruowane dla P-40

TOPDRAWINGS
Drawings/rysował: © Mariusz Łukasik

Curtiss P-40

www.kagero.eu
www.shop.kagero.pl

KAGERO
1:48 Scale
© Mariusz Łukasik

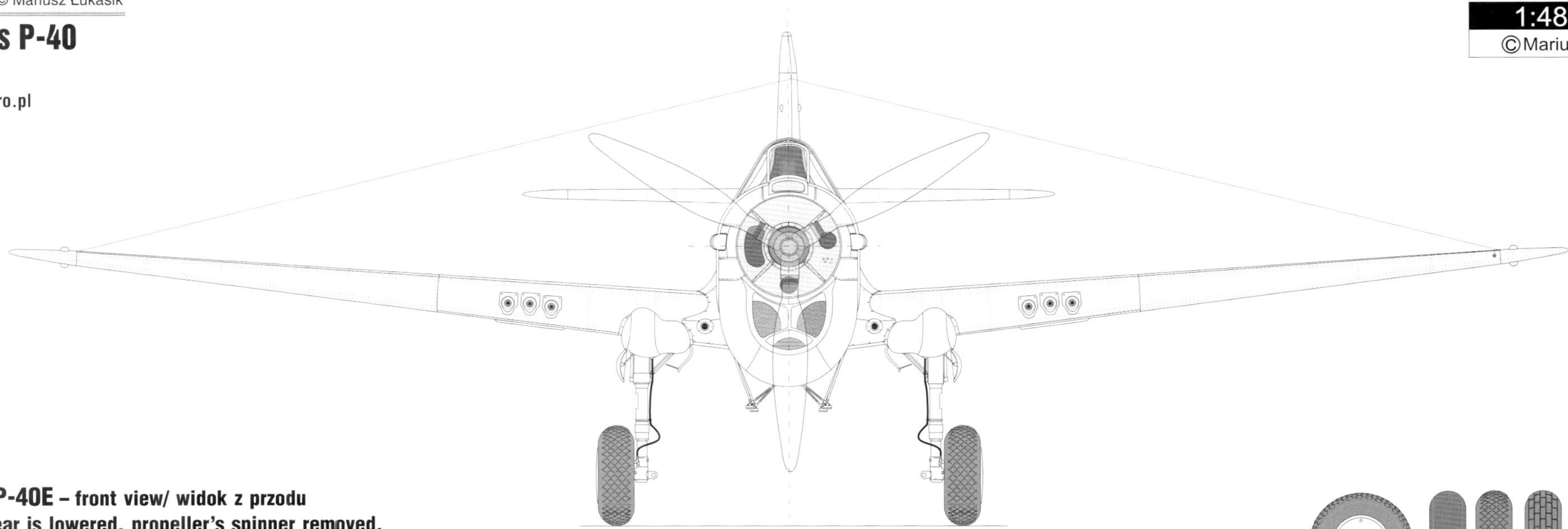

Curtiss P-40E – front view/ widok z przodu
landing gear is lowered, propeller's spinner removed.
Note two air inlets in the leading edge, at wingroots
(found only in some aircraft)/
podwozie wypuszczone, zdjęty kołpak śmigła, samolot z otworami
po obu stronach czołowej powierzchni centropłata
(tylko niektóre egzemplarze)

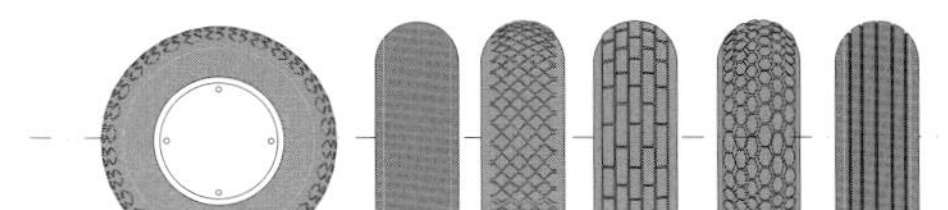

Types of tyre treads used in various models of the Curtiss P-40/
Rodzaje bieżników stosowanych na kołach różnych wersji Curtiss P-40

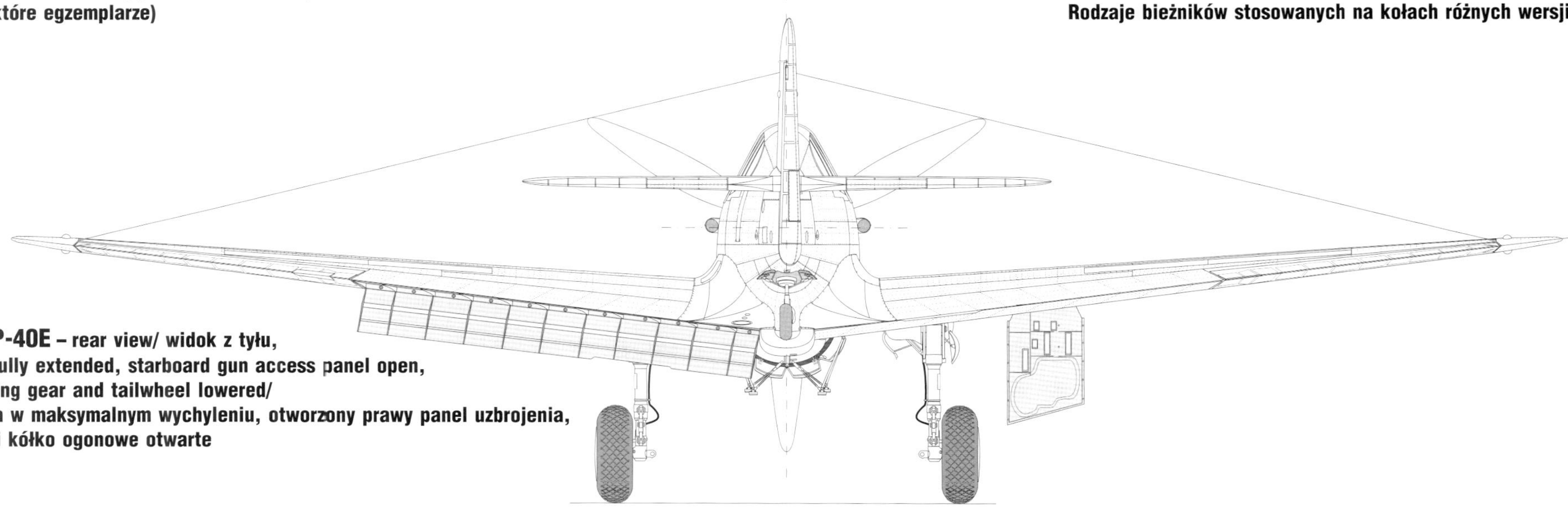

Curtiss P-40E – rear view/ widok z tyłu,
port flap fully extended, starboard gun access panel open,
main landing gear and tailwheel lowered/
lewa klapa w maksymalnym wychyleniu, otworzony prawy panel uzbrojenia,
podwozie i kółko ogonowe otwarte

0 0,5 1 2 3m

TOPDRAWINGS
Drawings/rysował: © Mariusz Łukasik

Curtiss P-40

www.kagero.eu
www.shop.kagero.pl

KAGERO
1:48 Scale
©Mariusz Łukasik

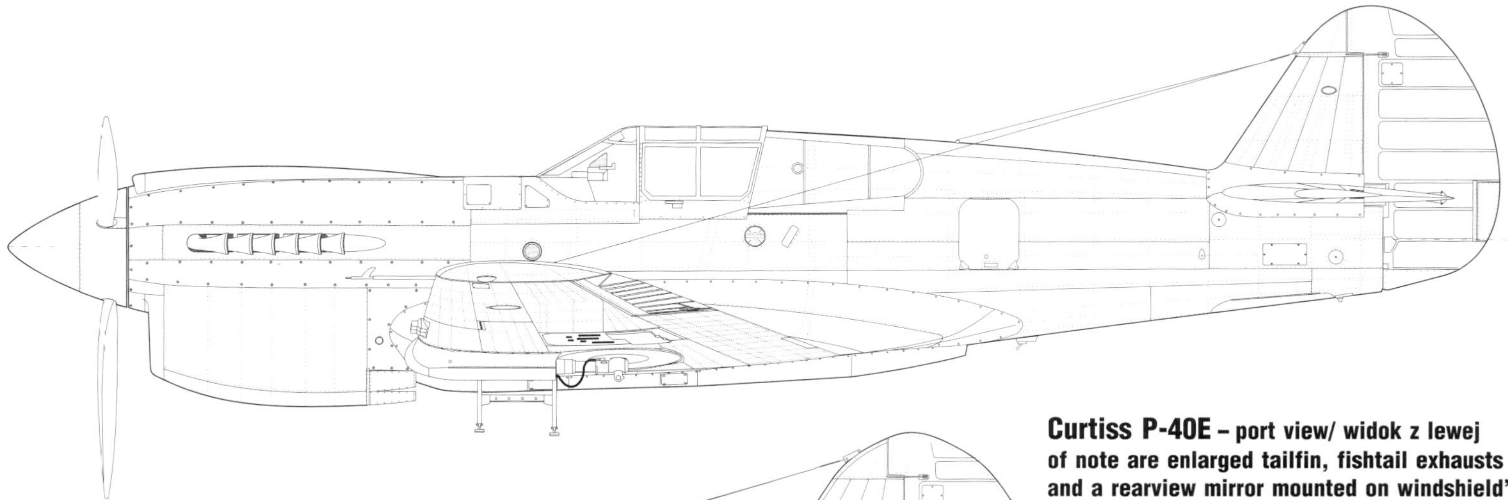

Curtiss P-40E – port view/ widok z lewej
note new, so-called fishtail exhausts/
nowy typ rur wydechowych

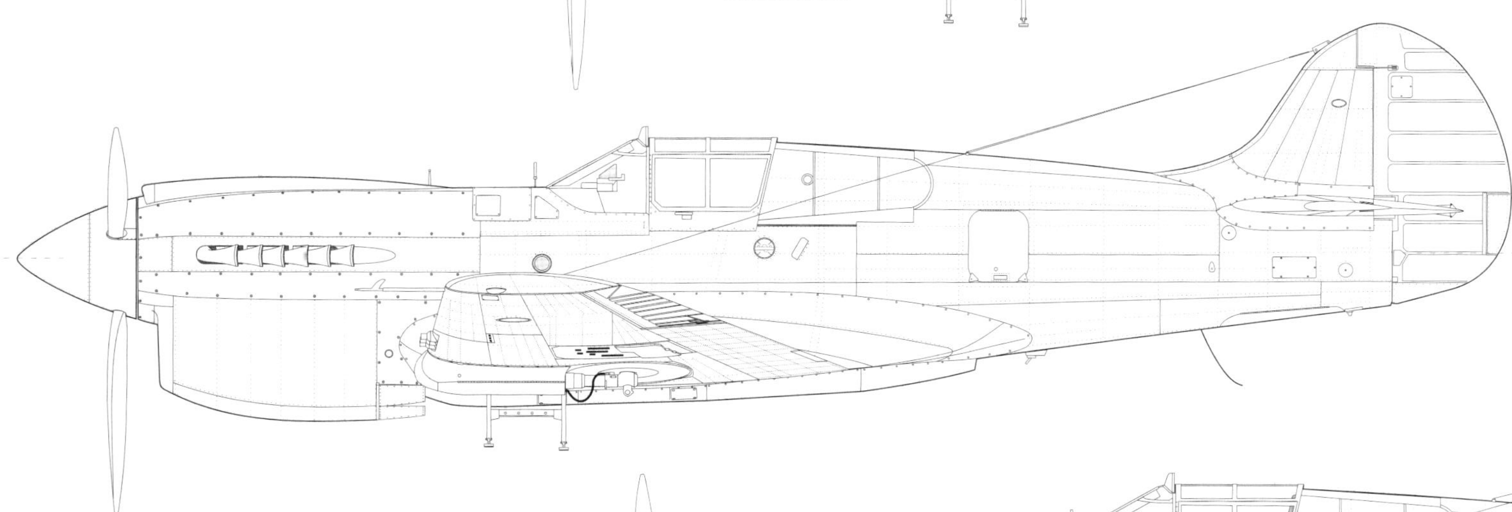

Curtiss P-40E – port view/ widok z lewej
of note are enlarged tailfin, fishtail exhausts
and a rearview mirror mounted on windshield's frame/
z powiększonym statecznikiem i nowym typem
rur wydechowych, lusterko na ramie wiatrochronu

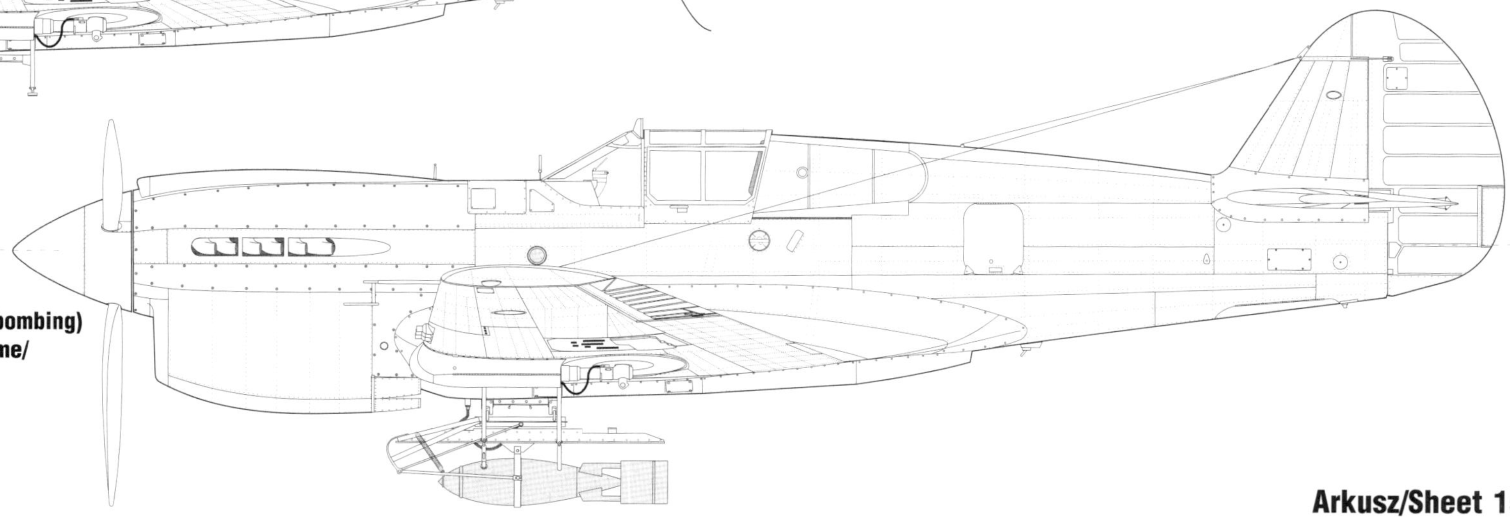

Kittyhawk Mk IA – port view/ widok z lewej
of note are a 250 lb British bomb mounted on an
improvised rack (field modification, used for dive bombing)
and a rearview mirror mounted on windshield's frame/
z brytyjską bombą 250 lb na polowej modyfikacji
wyrzutnika do bombardowania z lotu nurkowego,
lusterko na ramie wiatrochronu

0 0,5 1 2 3m

TOPDRAWINGS
Drawings/rysował: © Mariusz Łukasik

Curtiss P-40

www.kagero.eu
www.shop.kagero.pl

KAGERO
1:48 Scale
©Mariusz Łukasik

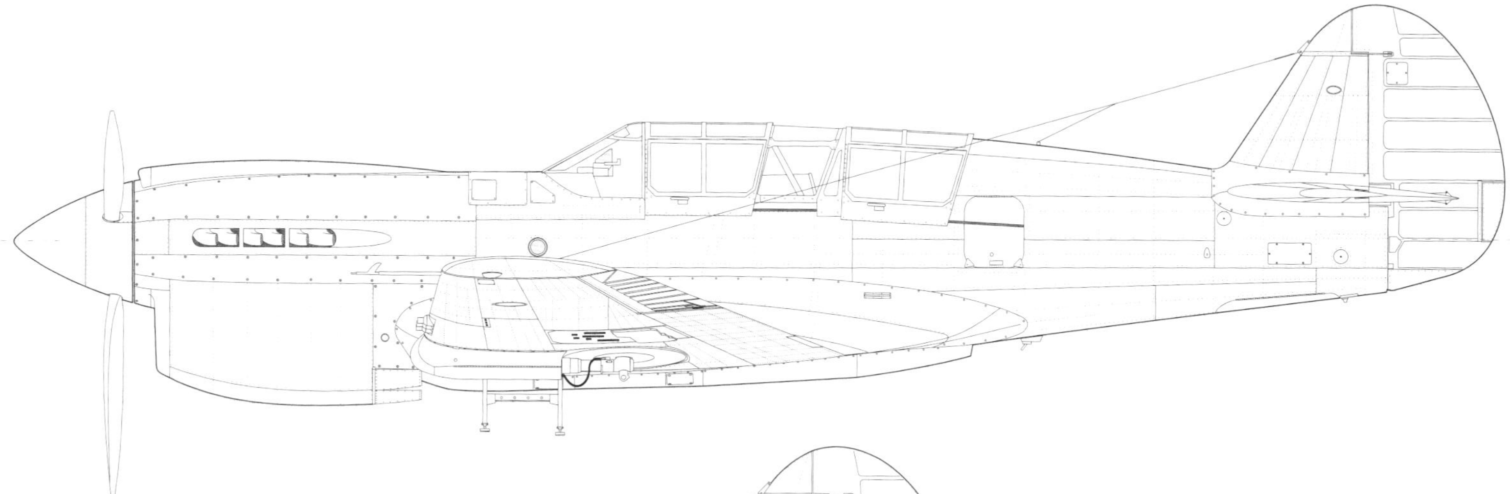

Curtiss TP-40E – port view/ widok z lewej
a serial production P-40E converted into
an improvised double-seat trainer/
samolot treningowy przerobiony z seryjnego P-40E

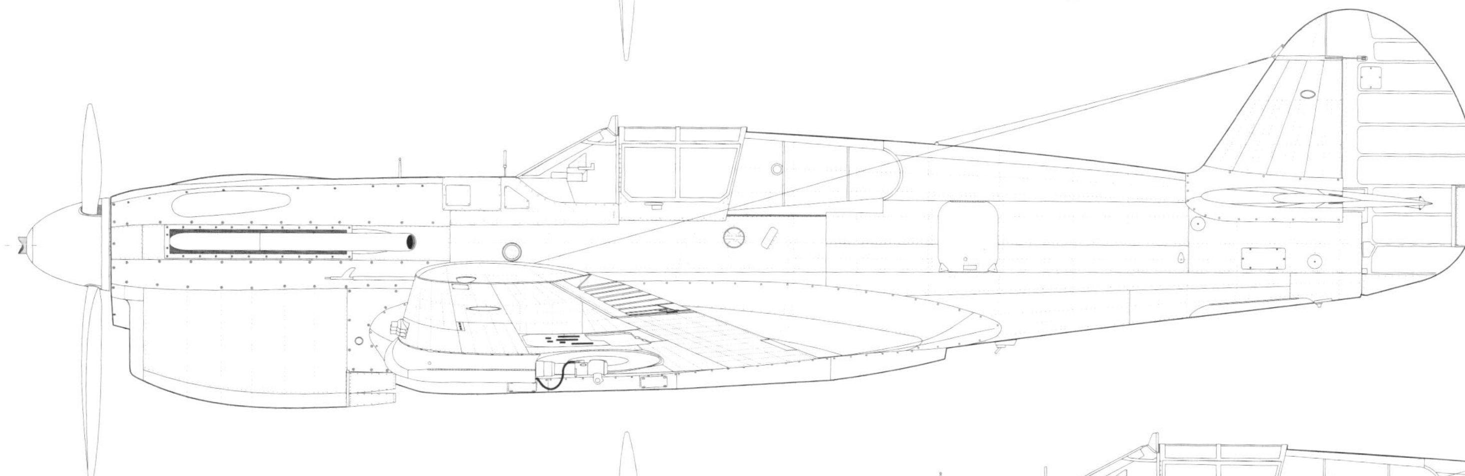

Curtiss P-40E – port view/ widok z lewej,
note the Russian-produced Klimov M-105P
engine and VISh-61P propeller/
z radzieckim silnikiem Klimow M-105P
i śmigłem WISz-61P

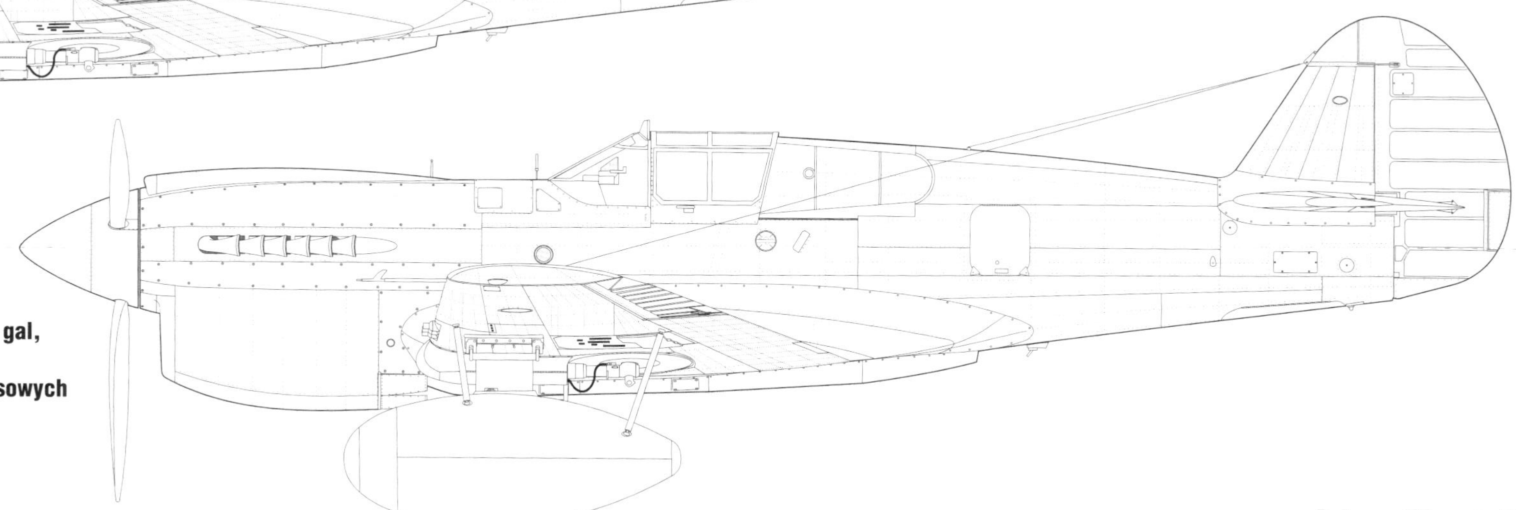

Curtiss P-40E – port view/ widok z lewej,
the aircraft is rigged with two underwing 200 U.S. gal,
long-range ferry tanks/
z dwoma zbiornikami 200 U.S. gal. do długodystansowych
przelotów typu „ferry”

Arkusz/Sheet 16

TOPDRAWINGS
Drawings/rysował: © Mariusz Łukasik

Curtiss P-40

www.kagero.eu
www.shop.kagero.pl

KAGERO
1:48 Scale

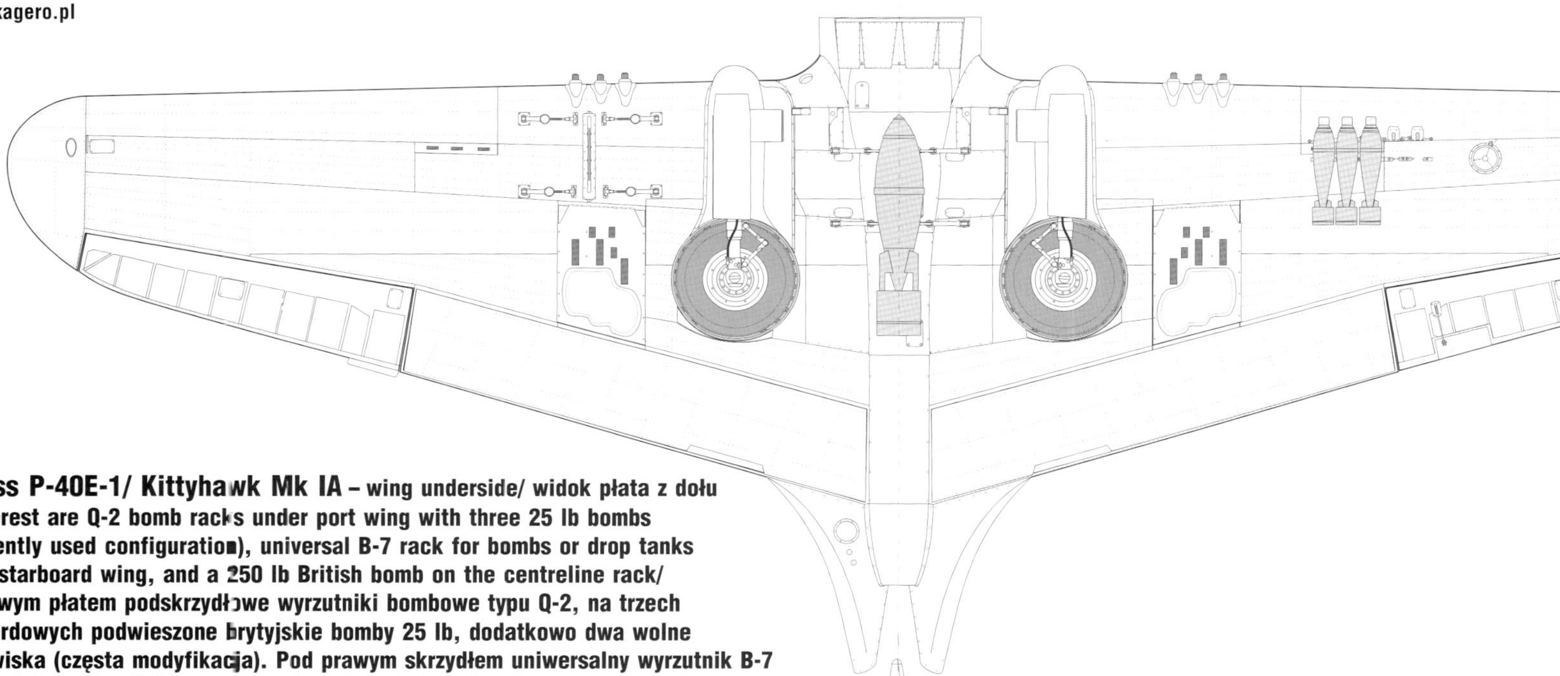

Curtiss P-40E-1/ Kittyhawk Mk IA – wing underside/ widok płata z dołu of interest are Q-2 bomb racks under port wing with three 25 lb bombs (frequently used configuration), universal B-7 rack for bombs or drop tanks under starboard wing, and a 250 lb British bomb on the centreline rack/ pod lewym płatem podskrzydłowe wyrzutniki bombowe typu Q-2, na trzech standardowych podwieszone brytyjskie bomby 25 lb, dodatkowo dwa wolne stanowiska (częsta modyfikacja). Pod prawym skrzydłem uniwersalny wyrzutnik B-7 dla bomb lub zbiorników zapasowych. Pod kadłubem brytyjska bomba 250 lb

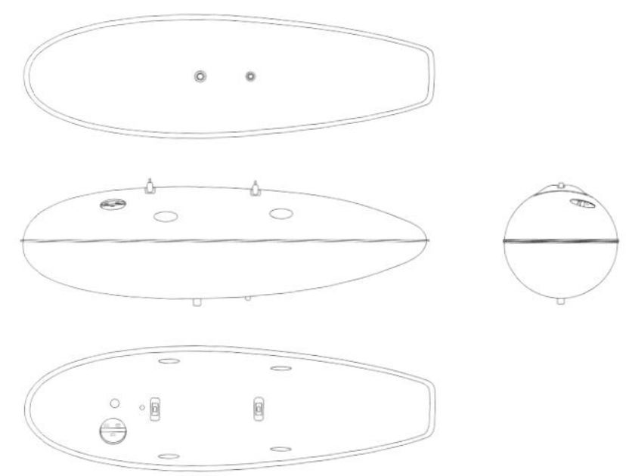

Another type of 52 U.S. gal drop tank/ Zbiornik 52 U.S. gal innego typu

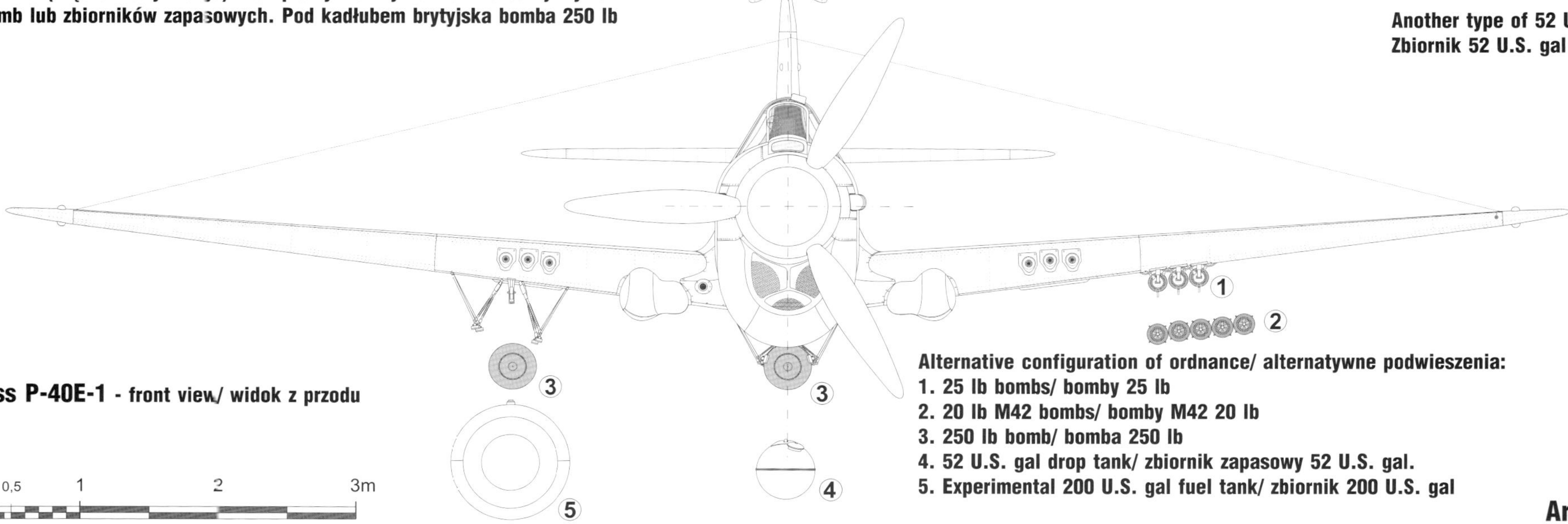

Curtiss P-40E-1 - front view/ widok z przodu

0 0,5 1 2 3m

Alternative configuration of ordnance/ alternatywne podwieszenia:
1. 25 lb bombs/ bomby 25 lb
2. 20 lb M42 bombs/ bomby M42 20 lb
3. 250 lb bomb/ bomba 250 lb
4. 52 U.S. gal drop tank/ zbiornik zapasowy 52 U.S. gal.
5. Experimental 200 U.S. gal fuel tank/ zbiornik 200 U.S. gal

Arkusz/Sheet 18

Specification of external changes
Wykaz zmian zewnętrznych w wersjach samolotu

KAGERO
1:72 Scale

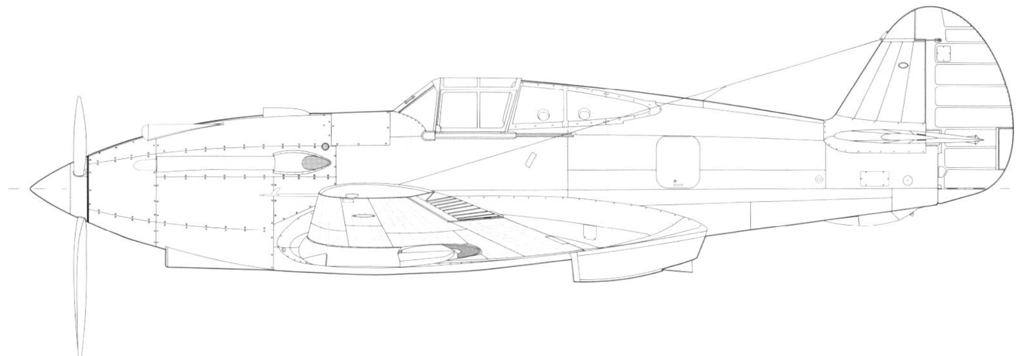

Curtiss XP-40 early/ wczesny

- Prototype in original configuration, with Preston radiator located in a ventral position just aft of the trailing edge of the wing/
  prototyp w pierwotnej konfiguracji z chłodnicą Preston za krawędzią spływu skrzydeł pod kadłubem

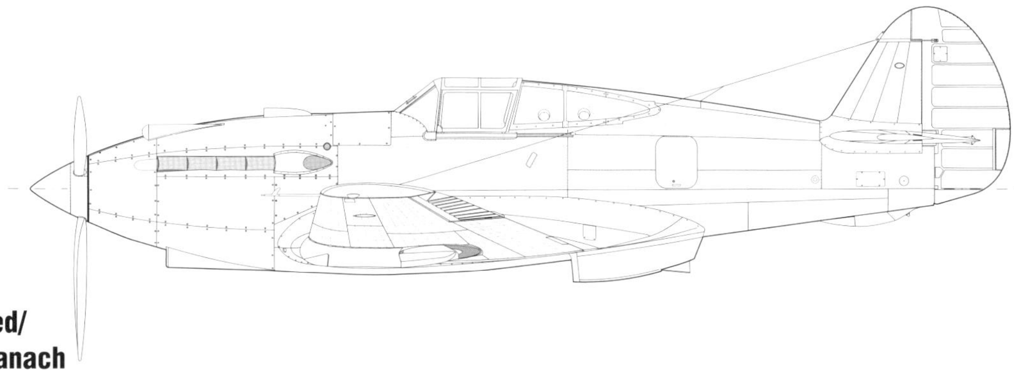

Curtiss XP-40 early modificated/ wczesny po zmianach

- Modified exhaust stacks/
  zmienione kolektory wydechowe

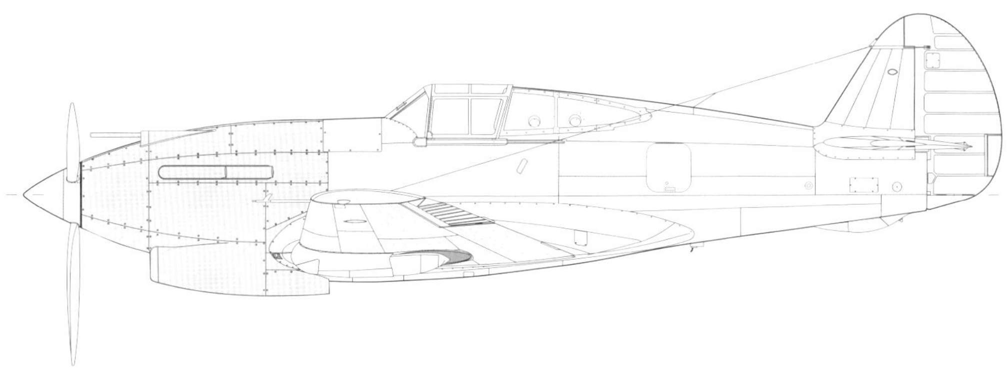

Curtiss XP-40 late/ późny

- Ventral radiator relocated forward under the nose/
  chłodnica przeniesiona pod przednią część kadłuba
- Modified exhaust stacks/
  zmienione kolektory wydechowe
- Cowl guns installed/
  zamontowane uzbrojenie w kadłubie
- Separate air intake on the upper cowling eliminated/
  zlikwidowany wlot powietrza na górze kadłuba

Curtiss P-40

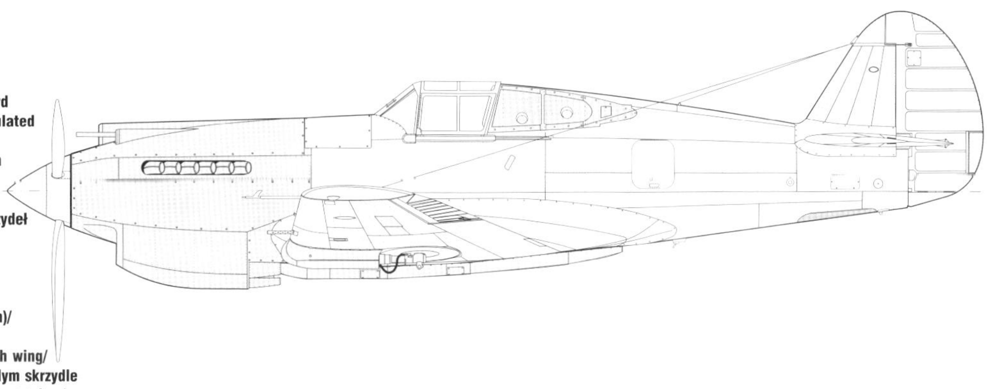

- Scoop housing radiators further enlarged and carried forward towards the propeller. Engine cooling cowl flaps,which regulated the airflow, mounted at the rear of the chin scoop/
  chłodnica powiększona, przesunięta do przodu i wyposażona w żaluzje regulujące przepływ
- Leading edges of the wingroots reshaped/
  nowy kształt krawędzi natarcia przykadłubowych części skrzydeł
- Wing-fuselage joints reshaped/
  nowy kształt przejścia skrzydło-kadłub
- Port aileron fitted with a controllable trim tab/
  ruchoma klapka wyważająca na lewej lotce
- Exhausts modified (individual stubs of circular cross-section)/
  zmienione kolektory wydechowe
- Two additional 0.3 in. (7,62 mm) machine guns, one in each wing/
  zamontowane dodatkowe 2 km-y 7,62 mm po jednym w każdym skrzydle
- Carburettor air intake repositioned between the nose gun blast tubes/
  dodany długi wlot powietrza na górze kadłuba
- Flush-riveting introduced/
  zastosowanie nitów z wpuszczanymi łbami
- Main landing gear and tailwheel modified/
  zmienione podwozie główne i ogonowe
- Additional fairing under fuselage/
  dodana owiewka pod kadłubem
- Glazed side panels aft of the cockpit redesigned/
  zmieniony panel oszklenia za kabiną pilota

0 0,5 1 2 3m

Zmiany / changes

www.kagero.eu
www.shop.kagero.pl

TOPDRAWINGS
Drawings/rysował: © Mariusz Łukasik

Curtiss P-40

Arkusz/Sheet 19

Specification of external changes
Wykaz zmian zewnętrznych w wersjach samolotu

KAGERO
1:72 Scale
©Mariusz Łukasik

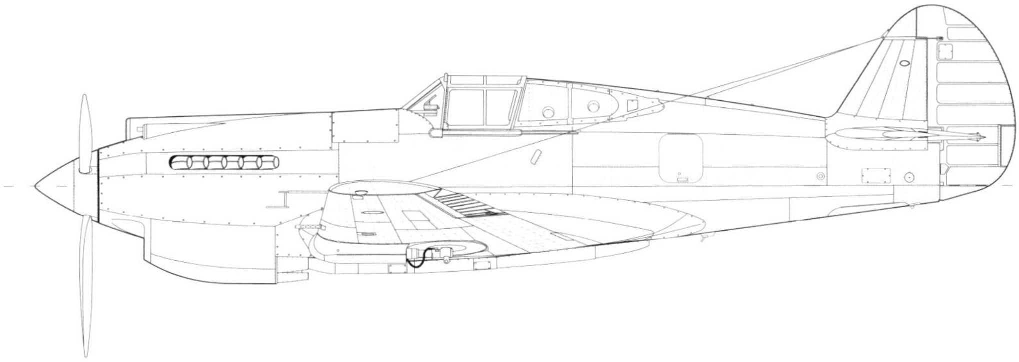

Tomahawk Mk I

- Pitot tube modified/
zmieniona rurka Pitota
- Machine gun blast tubes shortened (optionally)/
skrócone tłumiki ognia na lufach kadłubowych karabinów maszynowych (opcjonalnie)
- Four British 0.303 in. (7,69 mm) Browning machine guns mounted in wings/
cztery brytyjskie karabiny maszynowe Browning kalibru 7,69 mm w skrzydłach
- External mirror mounted on windshield's frame/
zewnętrzne lusterko na ramie wiatrochronu
- British reflector gunsight/
brytyjski celownik refleksyjny w kabinie pilota

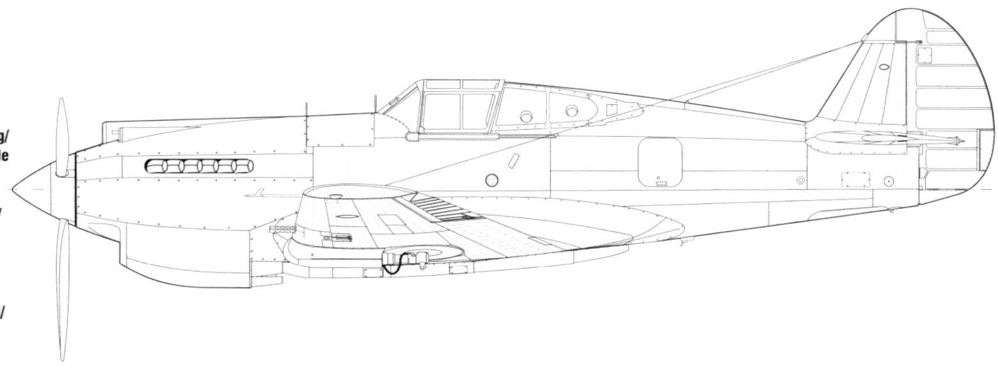

Curtiss P-40B

- Two additional 7,62 mm machine guns, one in each wing/
dodatkowe 2 km-y 7,62 mm po jednym w każdym skrzydle
- Formation light mounted on fuselage side/
światło do lotów w szyku na boku kadłuba
- Cowl guns' blast tubes shortened (as compared to P-40)/
skrócone tłumiki ognia na lufach kadłubowych karabinów maszynowych (w porównaniu do P-40)
- Ring-and-bead sight mounted on top of the engine/
dodatkowy celownik przeziernikowy przed kabiną
- Armoured glass mounted on the inside of the windshield/
szyba pancerna pod wiatrochronem

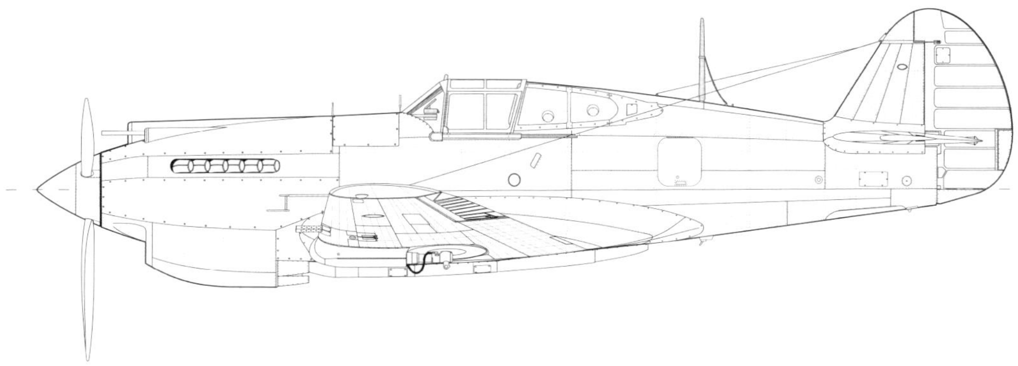

Tomahawk Mk IIA

- British reflector gunsight/
brytyjski celownik refleksyjny
- British-made machine guns of 0.303 in.calibre, two in each wing/
brytyjskie karabiny maszynowe Browning kalibru 7,69 mm (po dwa w każdym skrzydle)
- Pitot tube modified/
zmieniona rurka Pitota
- Additional antenna mast on fuselage spine (optionally)/
dodatkowy maszt antenowy na kadłubie (opcjonalnie)
- External rearview mirror mounted on windshield's frame/
zewnętrzne lusterko na ramie wiatrochronu

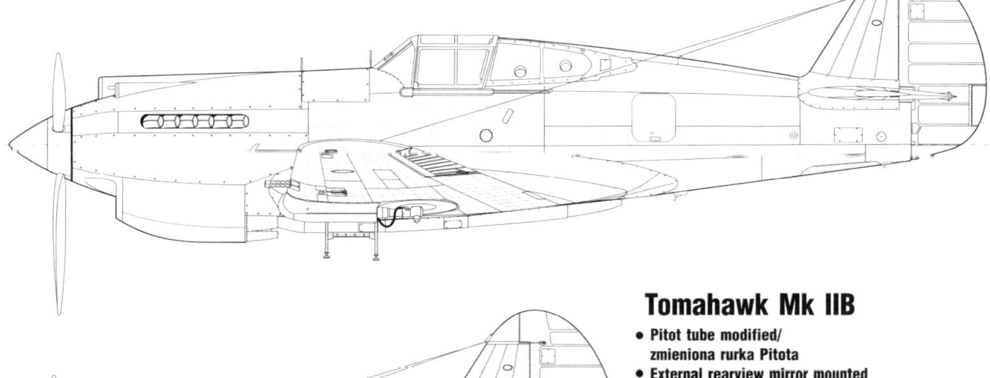

Curtiss P-40C

- Underbelly rack rigged to accommodate a 500 lb (227 kg) bomb or a fuel drop tank/
zaczep na dodatkowy zbiornik paliwa lub bombę o masie do 227 kg pod kadłubem

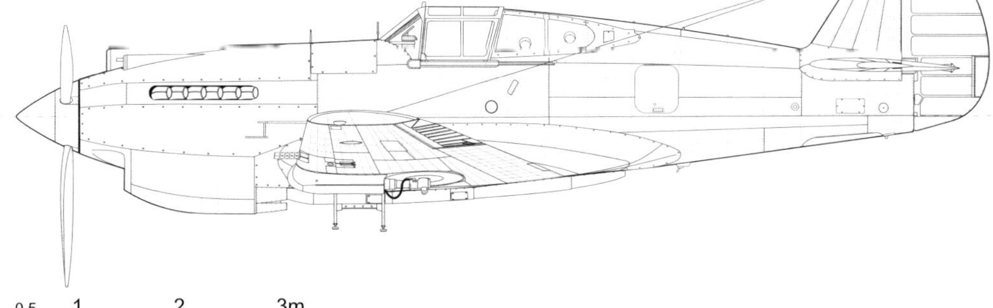

Tomahawk Mk IIB

- Pitot tube modified/
zmieniona rurka Pitota
- External rearview mirror mounted on windshield's frame/
zewnętrzne lusterko na ramie wiatrochronu

0 0,5 1 2 3m

Zmiany / changes

www.kagero.eu
www.shop.kagero.pl

TOPDRAWINGS
Drawings/rysował: © Mariusz Łukasik

Curtiss P-40

Arkusz/Sheet 20

Specification of external changes
Wykaz zmian zewnętrznych w wersjach samolotu

KAGERO
1:72 Scale

Curtiss P-40D

- Overall length of the aircraft reduced to 9.50 m (by 17 cm)/ długość samolotu zmniejszona do 9,50 m (o 17 cm)
- Reshaped cowling/ nowy kształt osłony silnika
- Carburettor intake in the upper nose cowling reshaped/ nowy kształt wlotu powietrza do gaźnika na osłonie silnika
- Radiator assembly suspended beneath the engine increased in size and moved forward/ powiększona i wydłużona obudowa chłodnic pod silnikiem
- Fuel and oil tanks' filler points repositioned/ przeniesione wloty do kadłubowego zbiornika paliwa i oleju
- Cowl-mounted guns removed/ brak uzbrojenia w kadłubie
- Four wing-mounted 0.50 cal (12,7 mm) machine guns, two per each wing/ cztery karabiny maszynowe kal. 12,7 mm w skrzydłach (po dwa w każdym skrzydle)
- Fuselage spine aft of the cockpit lowered/ obniżony grzbiet kadłuba za kabiną pilota
- Redesigned windshield with a flat front armour glass panel/ nowy wiatrochron z integralną płaską szybą pancerną
- Reshaped canopy/ nowy kształt osłony kabiny
- Glazed side panels aft of the cockpit enlarged/ powiększone panele oszklenia za kabiną
- New reflector gunsight/ nowy typ celownika refleksyjnego

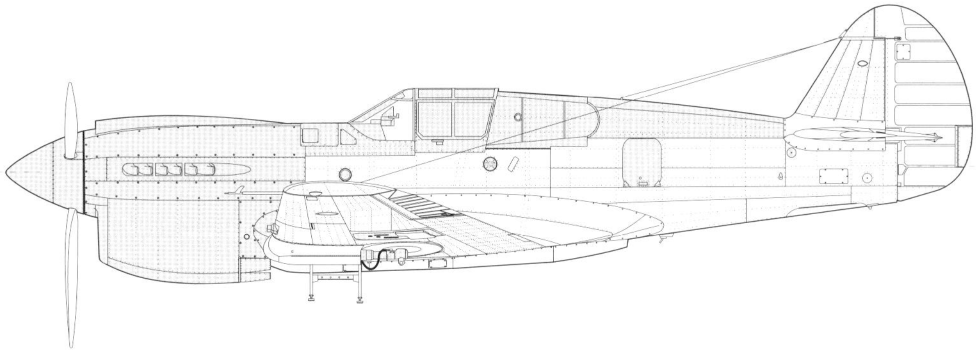

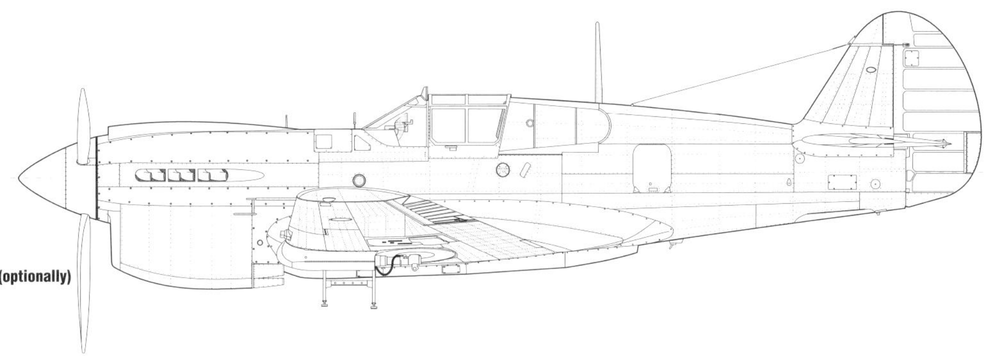

Kittyhawk Mk I early/ wczesny

- Pitot tube modified/ zmieniona rurka Pitota
- Additional pole antenna on the fuselage aft of the cockpit (optionally) dodatkowy maszt antenowy na kadłubie (opcjonalnie)

Curtiss P-40E, Kittyhawk Mk I late/ późny

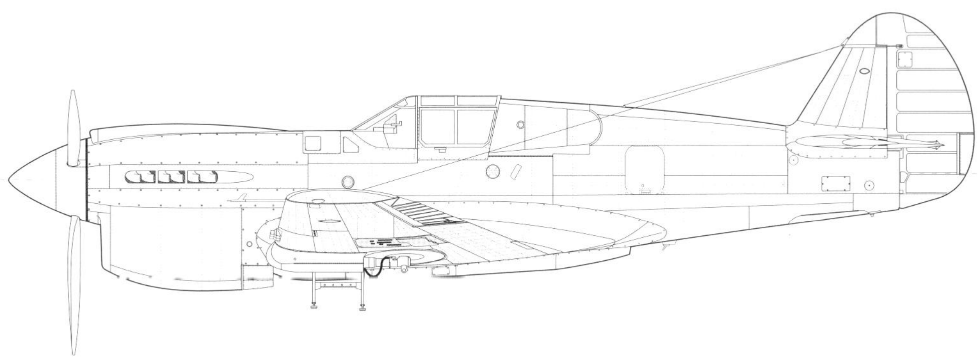

- Six wing-mounted 0.50 cal machine guns (three per wing)/ sześć karabinów maszynowych kal. 12,7 mm w skrzydłach (po trzy w każdym skrzydle)
- Additional pole antenna on the fuselage aft of the cockpit (optionally)/ dodatkowy maszt antenowy na kadłubie (opcjonalnie)

Curtiss P-40E-1, Kittyhawk Mk IA

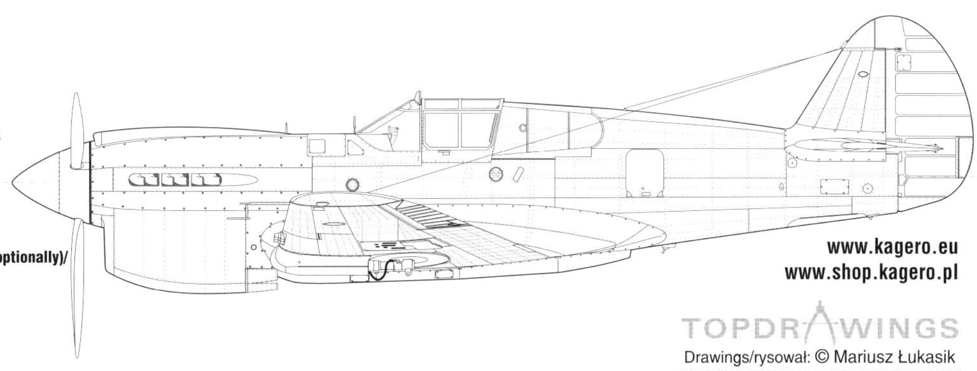

- Underwing bomb racks (optionally)/ zaczepy bombowe pod skrzydłami (opcjonalnie)
- Rearview mirror mounted on windshield's frame/ zewnętrzne lusterko na ramie wiatrochronu
- Additional pole antenna on the fuselage aft of the cockpit (optionally)/ dodatkowy maszt antenowy na kadłubie (opcjonalnie)

www.kagero.eu
www.shop.kagero.pl

TOPDRAWINGS
Drawings/rysował: © Mariusz Łukasik

0 0,5 1 2 3m

Zmiany / changes

KAGERO

1:72 Scale

©Mariusz Łukasik

Specification of external changes
Wykaz zmian zewnętrznych w wersjach samolotu

Arkusz/Sheet 21

Curtiss P-40E modified exhaust/ inne rury

- Fishtail exhausts/
zmienione rury wydechowe (tzw. Fishtail)

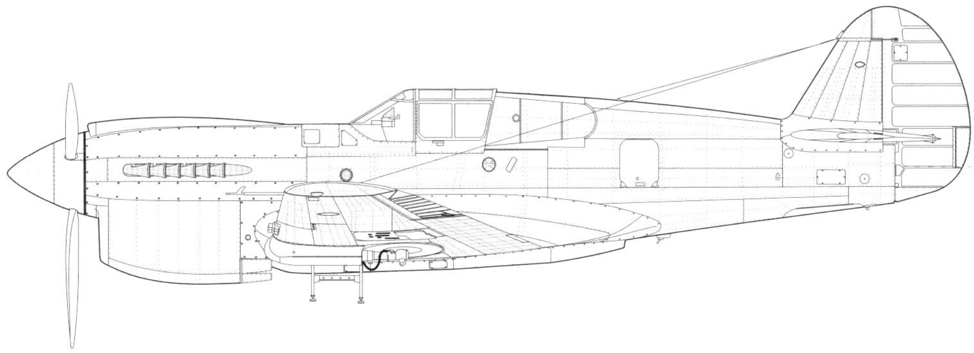

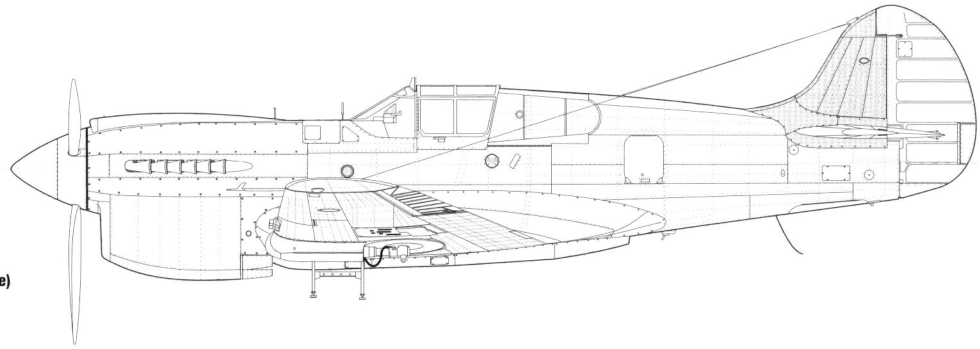

Curtiss P-40 E-1 inny statecznik

- Fin root fillet (on some aircraft)/
powiększony statecznik pionowy (niektóre późne egzemplarze)

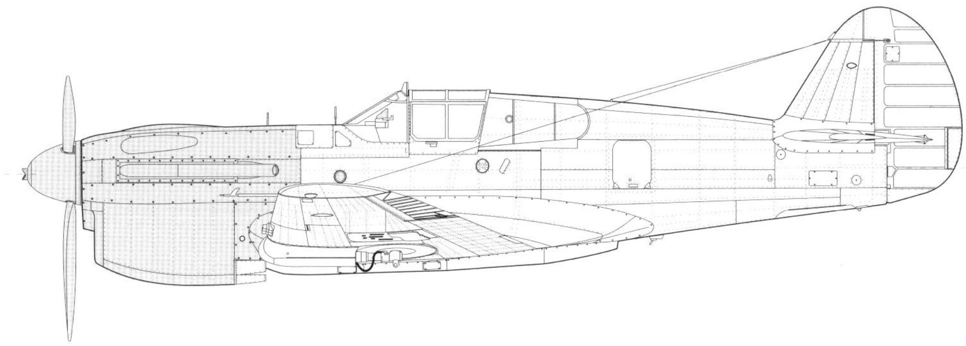

Kittyhawk Mk IA Klimow

- new engine cowling/
nowa osłona silnika
- carburettor air intake on top of the cowling eliminated/
brak wlotu powietrza do gaźnika na osłonie silnika
- new propeller/
nowe śmigło
- new spinner/
nowy kołpak śmigła

Curtiss TP-40E

- Second cockpit in rear fuselage/
druga kabina w tylnej części kadłuba

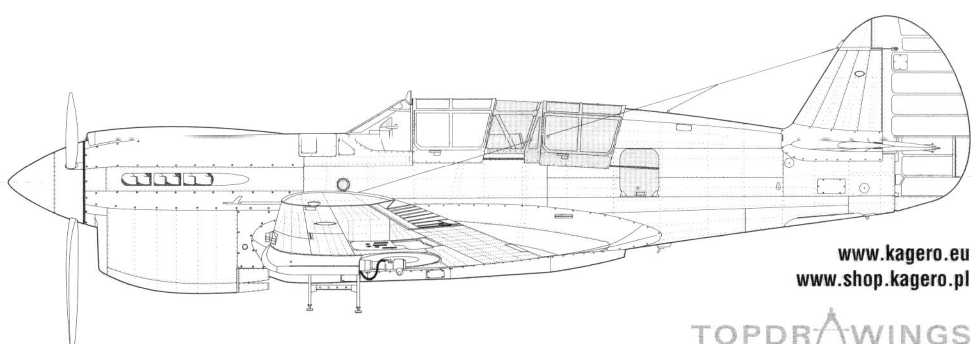

www.kagero.eu
www.shop.kagero.pl

TOPDRAWINGS

Drawings/rysował: © Mariusz Łukasik

0 0,5 1 2 3m

Zmiany / changes

Curtiss P-40

Specification of external changes
Wykaz zmian zewnętrznych w wersjach samolotu

KAGERO
1:72 Scale

Arkusz/Sheet 22

Curtiss XP-40 early/ wczesny

- Prototype in original configuration/ prototyp w pierwotnej konfiguracji

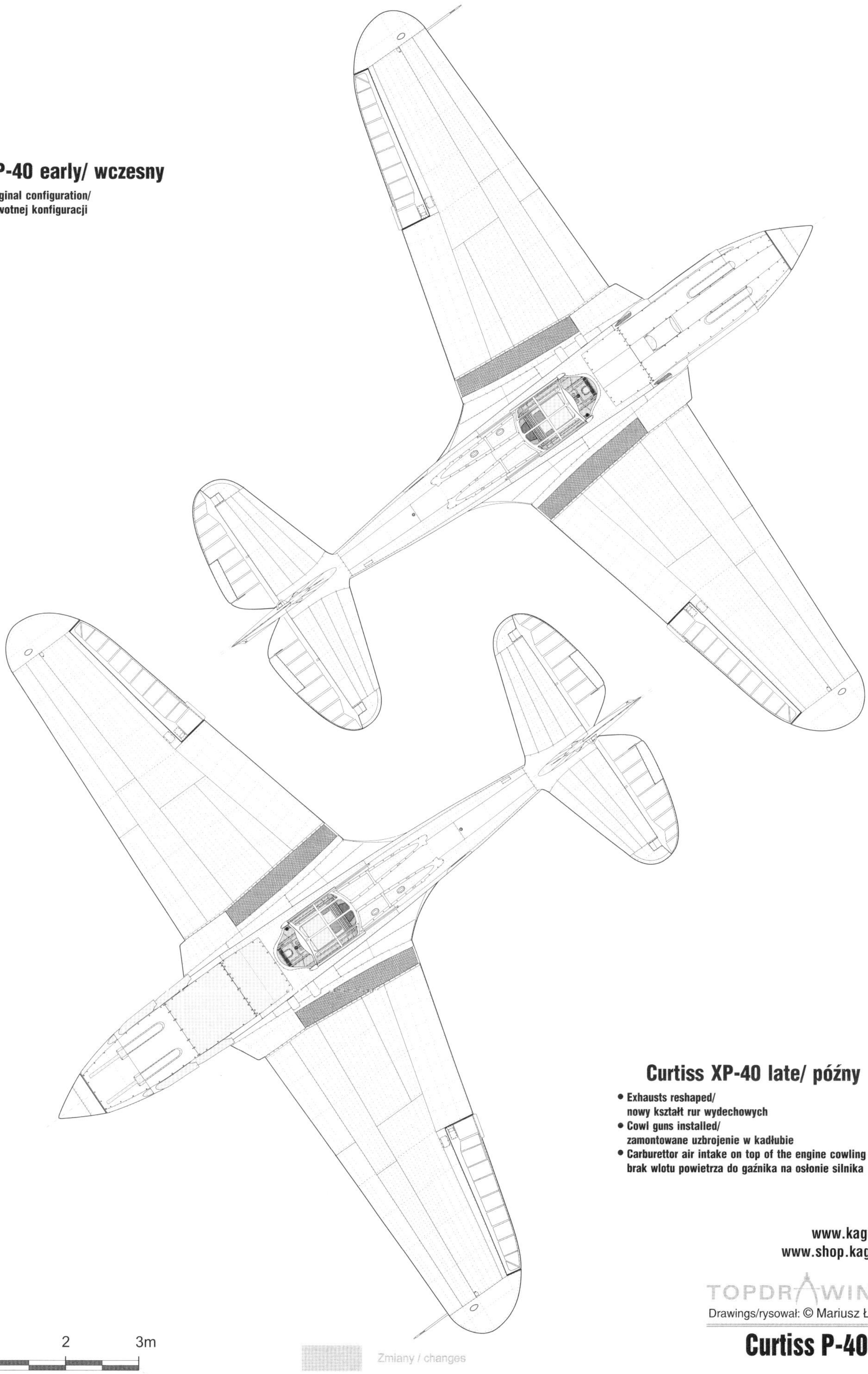

Curtiss XP-40 late/ późny

- Exhausts reshaped/ nowy kształt rur wydechowych
- Cowl guns installed/ zamontowane uzbrojenie w kadłubie
- Carburettor air intake on top of the engine cowling eliminated/ brak wlotu powietrza do gaźnika na osłonie silnika

www.kagero.eu
www.shop.kagero.pl

TOPDRAWINGS
Drawings/rysował: © Mariusz Łukasik

0 0,5 1 2 3m

Zmiany / changes

Curtiss P-40

Specification of external changes
Wykaz zmian zewnętrznych w wersjach samolotu

KAGERO
1:72 Scale
©Mariusz Łukasik

Arkusz/Sheet 23

Curtiss P-40

- Carburettor air intake on top of the engine cowling/
  wlot powietrza do gaźnika na górze osłony silnika
- Glazed side panels aft of the cockpit redesigned/
  zmienione panele oszklenia za kabiną pilota
- Leading edges of the wingroots reshaped/
  nowy kształt krawędzi natarcia przykadłubowych części skrzydeł
- Wing-fuselage joints reshaped/
  nowy kształt przejścia skrzydło-kadłub
- Two additional 0.3 in. (7.62 mm) machine guns, one in each wing/
  dwa karabiny maszynowe kal. 7,62 mm w skrzydłach (po jednym w każdym skrzydle)
- Exhausts reshaped/
  nowy kształt rur wydechowych
- Landing gear modified/
  zmienione podwozie
- Port aileron fitted with a controllable trim tab/
  ruchoma klapka wyważająca na lewej lotce

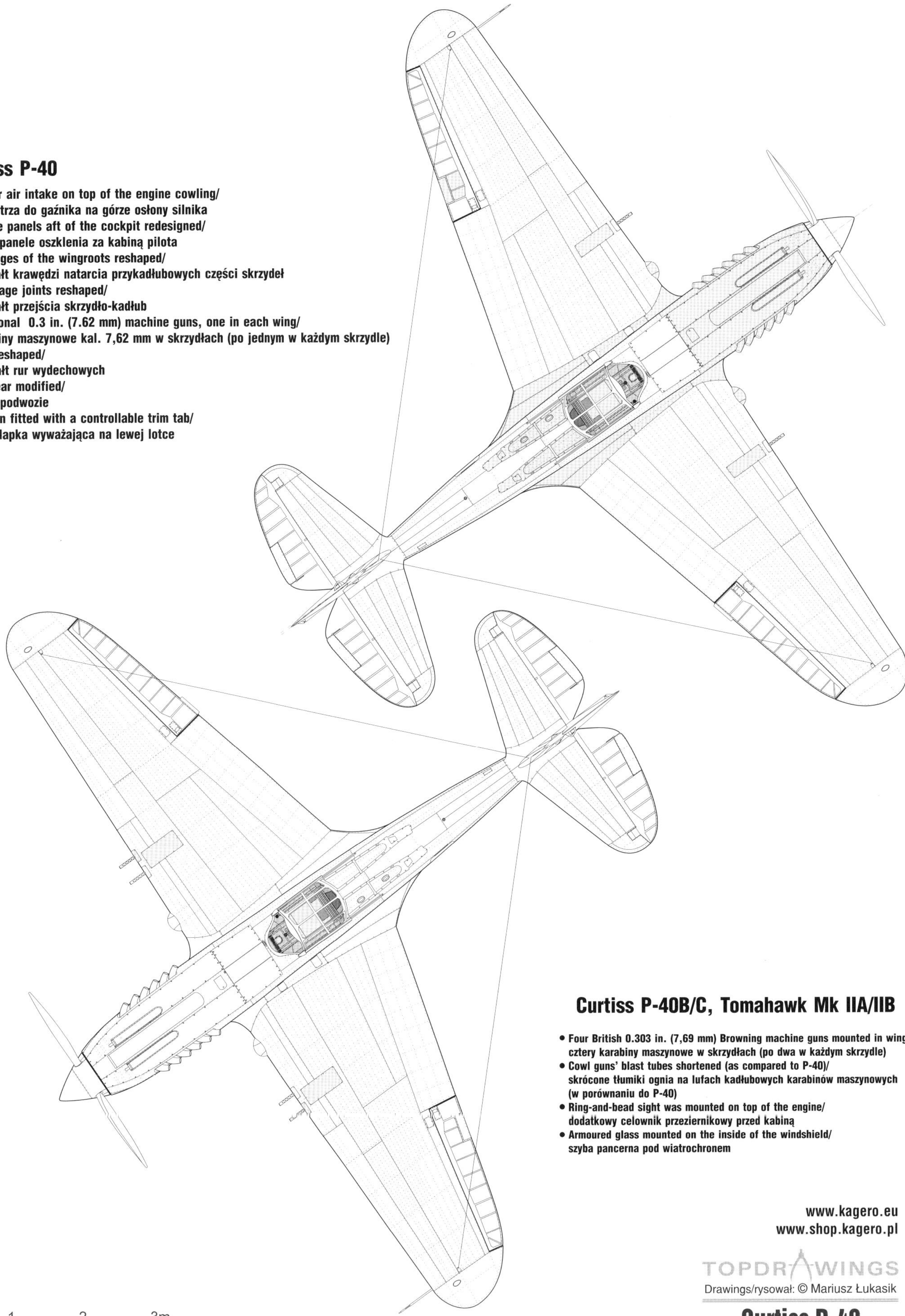

Curtiss P-40B/C, Tomahawk Mk IIA/IIB

- Four British 0.303 in. (7,69 mm) Browning machine guns mounted in wings/
  cztery karabiny maszynowe w skrzydłach (po dwa w każdym skrzydle)
- Cowl guns' blast tubes shortened (as compared to P-40)/
  skrócone tłumiki ognia na lufach kadłubowych karabinów maszynowych
  (w porównaniu do P-40)
- Ring-and-bead sight was mounted on top of the engine/
  dodatkowy celownik przeziernikowy przed kabiną
- Armoured glass mounted on the inside of the windshield/
  szyba pancerna pod wiatrochronem

0 0,5 1 2 3m

Zmiany / changes

www.kagero.eu
www.shop.kagero.pl

TOPDRAWINGS
Drawings/rysował: © Mariusz Łukasik

Curtiss P-40